徳川幕府の経済政策
——その光と影

岡田 晃
Okada Akira

PHP新書

目次◆徳川幕府の経済政策——その光と影

序章　歴史は繰り返す!?――現代と重なる江戸の経済変動

徳川長期政権を支えた経済発展　17
江戸時代前期は〝高度経済成長の時代〟　18
元禄バブルの崩壊、経済は長期低迷へ　22
田沼意次の構造改革、頓挫の後、デフレに　23
江戸時代に令和の日本経済復活のヒントあり　24

第一章　家康の経済戦略〝エドノミクス〟

1　江戸への転封～ピンチをチャンスに変えた家康　26

2　〝エドノミクス・第一の矢〟～江戸城築造と都市づくり　30
埋め立てと運河開削で市街地を拡大　30
参勤交代が江戸の開発を促進　31
「天下普請」で大名統制強化～徳川三代で三度の天守閣　32
人口増加と消費拡大の「好循環」　35

3 〝エドノミクス・第二の矢〟〜地方都市の発展 38
西国への抑えの拠点・姫路城 38
全国で建設ラッシュ——各大名が築城と城下町整備 40
4 〝エドノミクス・第三の矢〟〜交通網・流通の発達 42
街道の整備——参勤交代の経済効果 42
流通網が発達、日本全国が経済圏で結ばれる 44
鴻池などスタートアップ企業が続々 45
5 〝エドノミクス・第四の矢〟〜新田開発で農業生産増加 47
「大開墾時代」の到来〜空前の新田開発ラッシュ 47
河川改修で肥沃な田園地帯を創出 49
6 〝エドノミクス・第五の矢〟〜財政・金融政策 50
7 未曾有の人口増加と〝高度経済成長〟 52
平和な時代となり、人口増加 52
欧州主要国を上回る成長率に〜戦後日本と似た軌跡 54

第二章 幕府を揺るがした政治危機と大災害

1 〝高度経済成長の影〟～浪人増加で社会不安 58
家光の死がきっかけに 58
由井正雪、幕府転覆を計画 59

2 武断政治から文治政治への転換 61
末期養子の解禁など大名統制を緩和 61
政策転換を主導した保科正之 62

3 未曾有の大災害、明暦の大火 65
江戸市街の六〇%を焼き尽くす 65
被災者救済へ給付金 66
都市大改造で江戸復興 68
危機を乗り越え、経済成長を持続 70

第三章 〝元禄バブル〟の実相

1 綱吉の文治政治 72
「悪政」のイメージが強い綱吉だが…… 72
「文治政治の徹底」が生んだ経済効果 74
生類憐みの令の真の狙い 76
2 〝エドノミクス〟の進化が生んだ元禄経済 77
「第一の矢」の進化～百万都市・江戸の消費市場拡大 77
「第一～第三の矢」が連動し、経済の好循環を生む 79
海運の発達～西廻り航路で栄えた酒田 80
農業生産の増加と商品作物の多様化 83
3 元禄は「バブル」だったのか？ 84
昭和と重なる元禄の経済 85
新しい需要をとらえた三井高利 86
松坂商人の企業家精神と堅実経営 89
4 幕府の財政悪化と貨幣改鋳 92
金の含有率を落とした元禄小判 92

貨幣流通量の増加を狙う～量的金融緩和、リフレ政策の原型　94
「貨幣改鋳後の物価上昇率は三％」　97
「荻原重秀悪人説」は本当か？　100

第四章　正徳の治――〝バブル〟崩壊でデフレ突入

1　綱吉政治の否定　103
生類憐みの令を即刻廃止　103
新井白石を登用　105
2　正徳改鋳で金融引き締め　107
家宣も荻原重秀を重用、連続的に銀貨改鋳　107
新井白石 vs. 荻原重秀　109
金の含有率を慶長金並みに引き上げた正徳金　111
貨幣流通量が減少、デフレに陥る　113
3　正徳改鋳と平成バブル崩壊　115

金融引き締めで「バブルつぶし」 115
平成バブル崩壊と似たパターン 117

第五章 吉宗の「享保の改革」――元祖・リフレ政策

1 改革の始動 119
新井白石を解任――前政権からの転換を示す 119
将軍主導で前例にとらわれない改革 121
2 歳出削減・緊縮財政を徹底 122
3 新田開発で年貢収入増加を図る 124
4 「四公六民」から「五公五民」への増税 126
増税効果で年貢収入が増加、過去最高に 126
享保の増税、平成の消費税引き上げと共通点も 127
飢饉も重なり農村は疲弊、一揆が増える 129
5 物価対策に悩まされ続けた「米将軍」 130

米価は五分の一近くに下落～デフレ・スパイラル 130
米価上昇にあの手この手～大坂・堂島市場を公認 132
「米価安の諸色高」～物価対策は手詰まりに 133
6 貨幣改鋳で政策転換——金融引き締めから金融緩和へ 135
金銀の含有を減らして流通量拡大をめざす 135
デフレから脱却、緩やかに物価上昇～元祖・リフレ 136

第六章 田沼時代の真実——成長戦略と構造改革の試み

1 吉宗の積極策の面を受け継いだ田沼意次 139
異例の出世——元足軽の息子が老中に 139
意次＝悪人説は本当か？ 141
2 転機となった郡上一揆 142
農民が重税に反発～郡上藩主の依頼で一部幕閣が介入 142
忖度なしで老中などの幕閣を処分 144

年貢増徴の限界を痛感した意次 145

3 意次の政策――構造改革で経済活性化を狙う 146

増収策の枠を超えて「米本位経済」からの脱却をめざす 146
〝田沼構造改革〟その1――商業重視と流通課税 147
〝田沼構造改革〟その2――新産業の創出と殖産興業 149
平賀源内を支援、近代化へのタネをまく 151
〝田沼構造改革〟その3――鉱山開発 152
〝田沼構造改革〟その4――通貨の一元化をめざした金融政策 154
〝田沼構造改革〟その5――積極的な対外政策 156

4 意次失脚――構造改革の終焉 160

第七章 「寛政の改革」――超緊縮で危機の乗り切りを図るが……

1 田沼意次と松平定信の命運を分けた天明の大飢饉 163

餓死者は数十万～百万人か――米価高騰、打ちこわし 163

素早い対応で飢饉を乗り切った白河藩主・松平定信 166
サラブレッド・松平定信、老中へ 167

2 定信の経済政策――「反田沼」と「先祖返り」 169
意次への追加処分と田沼色の一掃 169
倹約の大号令、四二%歳出削減の超緊縮予算 170
奢侈を禁止、消費抑制と統制強化 171
米の備蓄と増産で農村復興めざす――「米本位制」への回帰 173
田沼時代の南鐐二朱銀を鋳造停止 176
株仲間への政策――田沼時代と継続性はあったのか? 178

3 消極策に転じた対外政策 179
長崎貿易半減、蝦夷地開発中止継続 179
「鎖国祖法」の起点に 181

4 福祉政策の先駆け――人足寄場、七分積金 183

第八章 「化政バブル」――〝最後の好景気〟

1 「寛政の遺老」時代――景気低迷が続く 187
無策が招いた「失われた二四年」 187
幕府財政が再び悪化、御用金令を連発 188
2 文政のリフレーションで、〝最後の好景気〟 190
水野忠成が老中首座に――田沼派の復活 190
八三年ぶりの貨幣改鋳 191
景気の好循環をもたらす 193
化政文化から生まれたジャポニスム 195
「貨幣改鋳でインフレ」は本当か? 196
3 揺らぐ幕藩体制――家斉の浪費、天保の大飢饉 198
家斉、将軍在職五〇年で五三人の子ども 198
天保の大飢饉、一揆や打ちこわしが頻発 200
遅れた「構造改革」――今日への教訓 201

第九章 「天保の改革」――〝最後の改革〟だったが……

1 「寛政の改革」を手本にした水野忠邦 204

奢侈禁止や風俗統制を強権的に実施 204

江戸の景気は急速に悪化 206

忠邦に抵抗した遠山の金さん 207

2 揺れた対外政策――蝦夷地開発、ロシアとの紛争 210

蝦夷地政策を積極策に転換、ロシアが襲撃 210

化政時代の風雲児、高田屋嘉兵衛 212

対症療法に終始した対外政策 214

3 西南雄藩の改革――地方創生の先駆け 216

佐賀藩、日本初の反射炉実用化に成功 216

薩摩藩、集成館事業で経済力を蓄える 218

第十章 幕府崩壊と近代化の足音

1 黒船来航――〝安政の改革〟で危機を乗り切る 221
阿部正弘、矢継ぎ早の改革 221
近代化へ道を開いた「安政の改革」 223
2 幕末の経済的混乱――金の海外流出、超インフレ 226
不利な交換比率で金が大量流出 226
貨幣改鋳と財政急膨張で超インフレに 229
3 近代化〝準備〟の役割も 231
小栗忠順、横須賀製鉄所を建設 231
開国で貿易急拡大、輸出立国の原型 232
開国が生んだジャポニスム 235
終章 江戸から令和へ――経済復活のヒント
「江戸」に何を学ぶべきか 237
ピンチをチャンスに変える 238
成長戦略と改革が重要 240

積極財政・金融緩和 vs. 緊縮財政・金融引き締め　241
「第三のジャポニスム」が持つ可能性　243
歴史を正しく知る――「賢者は歴史に学ぶ」　245

参考文献　247

序章　歴史は繰り返す⁉
――現代と重なる江戸の経済変動

徳川長期政権を支えた経済発展

今から四二〇年前の慶長八年（一六〇三）、徳川家康は征夷大将軍に任ぜられた。これを以て江戸幕府が開かれ、江戸時代が始まったとされている。

家康はすでに慶長五年の関ヶ原の戦いで勝利し、実質的に天下を手中に収めていたが、征夷大将軍となったことで名実ともに武家のトップに立った。

こうして家康がつくった江戸時代はその後、二六〇年余りにわたって続くことになる。その間、大坂冬の陣・夏の陣と島原の乱はあったものの、それを除けば戦乱は完全になくなった。日本で明確な記録が残る六世紀頃から以降の歴史で、これほど長期間にわたって戦争や内乱がなかった時代は他にない。世界を見渡しても類を見ない平和な時代だったのである。

ただ現代の我々が描く江戸時代のイメージは、必ずしも肯定的なものばかりではない。容赦ない大名取り潰し、厳しい身分制や年貢の取り立てなどが思い浮かぶ。また江戸時代の世相を表す「天下泰平」という言葉は、裏を返せば「平和ボケ」あるいは「停滞した社会」などのニュアンスを含んでいる。特に鎖国の影響もあって、欧米に比べ発展が遅れたことは否定できない。このことは幕末の黒船来航によって明らかとなり、幕府崩壊に向かう転機となったことは周知のとおりだ。

筆者はそうした側面があったことは十分に認めつつも、江戸時代には我々のイメージ以上の経済発展があったことに注目している。二六〇年余りに及ぶ徳川長期政権が実現したのも、この経済発展があったからこそなのである。

ただそれは一本調子ではなかった。成長と後退、好景気と不況、そして政策の成功と失敗を繰り返しながら、江戸時代中期以降は経済が停滞していった。

江戸時代前期は〝高度経済成長の時代〟

ここで江戸時代の経済発展の足取りを概観してみよう。

まず江戸時代前期、慶長年間の一六〇〇年頃から元禄年間の一七〇〇年頃までの約一〇〇年間は、近代以前では最も経済が成長した時代と見られる。戦乱の世が終わり社会が安定したことで、経済発展の条件が整ったのである。経済成長と言っても、もちろん現代の経済成長とは比べ物にならないが、当時の日本は世界主要国の中では、七つの海を制覇し躍進したイギリスに次ぐ成長率だったという推計もある（詳しくは第一章）。そこで、江戸時代前期をあえて〝高度経済成長の時代〟と呼ぶことにしたい。

経済成長の主な柱は、以下の五つだ。

第一の柱は、江戸の都市づくりだ。慶長八年（一六〇三）に幕府を開いた家康は、全国の諸大名に工事を割り当てて江戸城の大規模な増改築に着手するとともに、海岸部を埋め立て、ここに新たな市街地を形成した。江戸は急速に人口を増やし日本最大の都市として発展していく。

第二の柱は、各大名による城づくりと城下町の整備だ。家康が関ヶ原の戦い以降、大名の改易（取り潰し）と転封を行った結果、各大名は新しい領地で城を築き、城下町を建設していった。全国的に建設ブームだったと言ってよいだろう。昭和四〇年代に日本列島改造ブームがあったが、「江戸時代版・日本列島改造」といったところだ。

第三の柱は、交通網の発達と経済活動の広域化だ。参勤交代や物流の増加に対応して街道整備が進み、宿場町や港町、門前町が発展した。大坂などから江戸への物資や商品が船で運ばれるようになり、海運も発達した。

戦国時代までは領主や豪族の勢力圏内に経済活動の範囲がとどまるケースが多かったが、天下が統一されたことで経済活動が広域化していくことになる。

第四は、新田開発ラッシュと米の増産だ。平和な時代となり農民は農作業に専念できるようになった。江戸や地方都市の発展によって食料需要が増加し、全国各地で新田開発が活発に行われた。

江戸時代研究の大家、大石慎三郎・学習院大学名誉教授（故人）によると、一七〇〇年頃の全国の耕地面積は一六〇〇年頃の二倍近くに達していたという。江戸時代の前期は「大開墾時代」とも「大開拓時代」とも呼ばれるほどだ。

その結果、農業生産が増加した。周知のように、江戸時代は米を中心とする農業が経済を支える最大の基盤だ。農業生産の増加がまた経済発展を促進した。

第五の柱は、幕府財政の確立と貨幣経済の発展、つまり財政政策と金融政策だ。農業生産の増加は幕府直轄地からの年貢収入の増加につながり、幕府財政を潤した。全国の主要鉱山も直轄地とし、金や銀の採掘による収益も幕府財政を支え、金貨・銀貨発行の〝原資〟ともなった。幕府の金融政策は貨幣経済の発展を促し、江戸後期には貨幣改鋳が財政危機乗り切りの切り札となる。

以上の五つの柱による経済発展は人口増加をもたらした。近年の研究によると、一六〇〇年に約一七〇〇万人だった全国人口は、一七二一年には約三一〇〇万人になったという。こうした人口増加がさらなる経済発展につながった。

戦国末期から江戸時代前期は、多くの商人が創業するベンチャーの時代でもあった。経済発展と消費市場拡大という新しい変化をいち早くつかみビジネスチャンスを広げたのだ。それらの中から住友、鴻池、三井などの豪商が生まれ、そのほかにも竹中工務店、松坂屋（現・Jフロントリテイリング）、キッコーマンなど、現代まで事業を継続し大企業となっている例も少なくない。

このように、平和体制への移行を背景に〝高度経済成長〟を遂げた江戸前期の時代は、太平洋戦争後に平和国家となった日本が昭和二〇年代以降に戦後復興と高度経済成長を遂げた昭和の歴史と重なって見えてくる。

そして昭和末期から平成初期にかけてバブルの時代を迎えたように、江戸の経済発展は元禄時代（一六八八〜一七〇四）にピークを迎えた。いわゆる元禄バブルである。

元禄バブルの崩壊、経済は長期低迷へ

だが高度成長もそこまでだった。幕府財政は悪化し始め、経済全体も急速に悪化していった。バブル崩壊である。

五代将軍・綱吉の後を継いだ六代・家宣の側近、新井白石は、元禄時代に貨幣改鋳を行った荻原重秀を憎み、緊縮策をとった。そのためバブル崩壊に拍車をかけ、デフレに陥った。これが、江戸中期から後期まで経済が停滞していく始まりとなる。

これに対応すべく幕府は何度か改革に取り組んだ。まず動いたのが、享保元年（一七一六）に八代将軍となった吉宗だ。

江戸城内の質素倹約からスタートしたが、その一環として大奥に勤める女性のうちから美人をリストアップさせ辞めさせた話は有名だ。大奥という「聖域」もリストラの対象にしたわけで、前例や格式にとらわれずに改革に取り組んだ。

この「享保の改革」は当初は、歳出削減や年貢率の引き上げ、つまり増税など緊縮策が中心だったが、新田開発の奨励、甘藷《かんしょ》（サツマイモ）栽培、殖産興業に役立つ洋書（漢訳書）の輸入緩和など、規制緩和や経済活性化にも力を入れた。

さらに、貨幣の供給量を増やすため、金の含有率を下げる改鋳を行った（元文の改鋳、一

七三六）。新井白石以来のデフレ政策からインフレ政策に転換したのである。リフレ政策の元祖と言える。

田沼意次の構造改革、頓挫の後、デフレに

この吉宗の改革を引き継ぎ発展させたのが、田沼意次だった。意次は特産物の生産拡大や鉱山開発などの殖産興業、株仲間の公認拡大などで、発達する商品経済に対応しようとした。海産物の輸出拡大や蝦夷地開発調査などにも動いた。従来の米偏重の経済構造を変えて経済活性化を図ろうとしていたのである。今風に言えば、構造改革と成長戦略だ。

田沼意次は賄賂政治家と言われ「悪役」のイメージが強いが、このような開明的な経済政策はもっと評価されてしかるべきだと思う。だが天明の大飢饉（一七八二〜八八）が起き、その批判もあって意次は天明六年（一七八六）に失脚、構造改革は頓挫する。

意次の後に老中首座に就いた松平定信は田沼政治を全面的に否定し「寛政の改革」に着手した。だがその内容は、緊縮政策と「米本位制」への回帰、統制の強化が中心で、時代の変化に逆行するものだった。そのため幕府財政は一時的に黒字を回復したものの、国内経済は再びデフレに陥り不況が続くこととなる。

結局、定信も六年後に失脚。その後の文化・文政時代（一八〇四〜三〇）には老中・水野

忠成《ただあきら》が貨幣の改鋳を行い（文政の改鋳、一八一九）、貨幣の流通量を大幅に増加させた。デフレからインフレへと転換させるリフレ政策である。

これによりデフレ不況から脱し、景気は回復していった。経済の安定とともに、浮世絵や川柳、歌舞伎など、化政文化と呼ばれる町人文化が隆盛をきわめたのもこの時代の特徴だ。

こうした中で、今度は水野忠邦が老中となり、「天保の改革」に乗り出す。だがこれもまた、統制強化と緊縮政策が中心だった。

これら「享保の改革」「寛政の改革」「天保の改革」は「江戸の三大改革」と言われるが、経済発展の観点から言えば、寛政の改革と天保の改革は明らかに失敗だった。むしろ、田沼政治こそ改革と呼ぶにふさわしいと言えるが、当時の幕府、あるいは世論はそれをつぶしてしまった。結局、江戸後期は幕府の力が次第に弱まり、やがて黒船来航を経て幕府崩壊に至ったのだった。

江戸時代に令和の日本経済復活のヒントあり

このような元禄以後の経済変動の軌跡＝経済低迷トレンドと数度のデフレは、平成バブル崩壊後の経済低迷とデフレの長期化に重なって見える。

また吉宗の享保の改革や田沼政治は、平成の小泉構造改革やアベノミクスになぞらえることができるだろうか。しかしそれらも、江戸時代と同じように道半ばで終わっている。

このまま現在の日本経済が江戸時代の「幕府崩壊」と同じような道をたどることがあってはならないのは、言うまでもない。幕府の経済政策の失敗は、今日への教訓ともなっている。令和の日本経済復活のためには何が必要か——江戸時代にはそのヒントが詰まっている。

その一方で、幕府首脳や大名、サムライたち、商人や農民、学者など、多くの人たちが危機や苦難に立ち向かい乗り越えていったことも事実である。そうした力が、やがて幕末の動乱を経て、明治の近代化を成し遂げる原動力となったことにも目を向けたい。彼らがどのようにしてピンチをチャンスに変えたかを知れば、我々も元気になれるはずだ。

筆者は、日本経済新聞とテレビ東京時代、そして現在に至るまで日本経済や世界経済を取材し報道・解説する仕事を続けているが、経済の変動が激しく先行きが読みにくい今こそ、歴史に学ぶことが重要だとつくづく実感している。

それでは江戸時代にタイムスリップして、日本経済復活のヒントを探すこととしよう。

なお、登場人物の年齢は原則として数え歳で表記した。年号及び月日は和暦を基本とし、必要のある場合は西暦も併記した（但し、文献の引用及び長期間にわたる推移や国際比較などでは、場合により西暦のみの表記とした）。

第一章　家康の経済戦略〝エドノミクス〟

1　江戸への転封～ピンチをチャンスに変えた家康

天正一八年（一五九〇）、江戸に入った徳川家康は愕然とした。

江戸には、康正三年（一四五七）に太田道灌が築いた江戸城があった。築城当初は三つの曲輪からなる堂々たる造りで、城の北側に城下町が形成されていて大いに賑わっていたという。だが一三〇年余りの時を経て、その面影はなくなっていた。

城に石垣はなく土塁で囲まれているだけだった。城内には、格式のある御殿の様式である柿《こけら》葺きの建物は一棟もなく、すべて粗末な板葺き。建物玄関の階段は船板を転用して三枚並べてあるという状態だった。周辺を見渡しても、城の東側の真下（現在の日比谷から皇居前広場付近）まで江戸湾の入り江が深く入り込み、葦が生い茂る湿地帯が広がっている。町には、茅葺きの家が百軒ほどしかなかったという。

従来の通説では、当時の江戸城はこのように荒れ果て、城下も寂れた寒村だったとされていた。ただこれは家康の後の業績を強調するために過小に言い伝えられた可能性があり、近年ではそれなりの都市が形成されていたとの見方が有力だ。それでも関東の一地方都市に過ぎなかったことには変わりない。

家康の江戸入りは、豊臣秀吉の命によるものだった。この年、秀吉は小田原攻めで北条氏を滅ぼし、同氏の領地だった関東八カ国を家康に与えた。といっても、安房には里見氏、常陸には佐竹氏などが健在で、実質的には六カ国弱だ。しかも、家康の出身地・三河をはじめ、自力で獲得してきた遠江《とおとうみ》や駿河など従来の支配地五カ国を召し上げられるのと引き換えだったのだ。領国の石高は約一二〇万石から名目上は約二五〇万石に増えるものの、これでは喜べない。

家康の新しい本拠地が小田原ではなく江戸というのも、秀吉の事実上の命令だった。いまだ安定しない奥羽への備えを想定したためと思われるが、家康にしてみれば、これまで築き上げてきたものをすべて失ったうえ、未知の江戸でゼロからスタートしなければならないのだ。家臣からは不満も出たという。「危機」とまでは言えないかもしれないが、新たなピンチであることは確かだった。

振り返れば、家康のそれまでの人生は危機と忍耐の連続だった。幼い頃からの人質生活に始まって、桶狭間の戦いで主人・今川義元の討死、今川から独立後の三河一向一揆、嫡男・信康の切腹、三方ヶ原の戦いでの惨敗、本能寺の変の直後の伊賀越え……と、何度も危機に陥った。織田信長亡き後には豊臣秀吉と覇権を争い粘ったものの、結局は秀吉に臣従せざるを得なかった。

だが家康はそのたびに危機を乗り越え、力をつけてきた。今回の関東転封という苦難も乗り越え、天下を狙うとの決意を固めていた。それはやがて徳川政権樹立という形で結実する。まさにピンチをチャンスに変えたのだった。これこそ家康の真骨頂である。

だからこそ、家康は手に入れた「徳川の天下」が永遠に続くことを願った。これは単なる徳川の私利私欲ではなく、「二度と戦乱の世に戻さない」「太平の世をつくる」ということだ。そのためには、大名に謀反を絶対に起こさせてはならない。

それは、今日の企業で言えば経営の基本理念、経営目標である。この大方針に沿って家康は大名統制を強め、豊臣家も滅ぼした。その直後には武家諸法度を発布した。家康とその後を継いだ秀忠と家光は大名の改易・転封を容赦なく行うと同時に、幕府の公共事業である天下普請への大名の強制的動員、参勤交代の制度化などで支配体制を確立する。

この平和体制への移行とそのための大名統制強化という経営理念は、直接的には幕府の政治的・軍事的な強化が目的だったが、それが同時に経済発展をもたらした。具体的には、①江戸の飛躍的な発展②各地の城下町整備による地方都市の発展③交通網・流通の発展と全国的な経済圏の形成④新田開発ラッシュと農業生産の増加⑤幕府財政確立と貨幣経済発展――の五つの柱にまとめることができる。

それは家康がどこまで意識または意図していたかは別にして、徳川政権の経済戦略でもあった。「イエヤスノミクス」では語呂がよくないので、〝エドノミクス〟と名付けよう。それは五本柱、つまり「五本の矢」で成り立っていた（関ヶ原で敵方となった毛利の「三本の矢」のような表現は家康にとって不本意かもしれないが、ここは最近のアベノミクスの「三本の矢」になぞらえたと言えば、家康も承服してくれるだろうか）。

このように家康は、政治・軍事的な政策では大名統制強化（改易と転封、参勤交代、天下普請など）、経済政策では〝エドノミクス〟を基本とし、その両者が相互に関連して効果を上げたことにより、江戸時代前半期に〝高度経済成長〟が実現した。

これがあったからこそ、徳川政権の長期化が可能となったのだった。詳しく見ていこう。

2　〝エドノミクス・第一の矢〟〜江戸城築造と都市づくり

埋め立てと運河開削で市街地を拡大

江戸に入った家康は、江戸城の改築の準備として城下町の整備に取りかかった。日比谷入江の一部を埋め立て、その土地を武家屋敷とした。

これと並行して、堀割の開削に着手した。まず江戸城の和田倉から日本橋付近まで東西に一直線に結ぶ道三堀《どうさんぼり》を開削し、後述する江戸城の工事用資材やさまざまな物資を船で江戸城に運び入れられるようにした。堀沿いには多数の縦堀と横堀をつくり、掘り出された土砂で堀周辺を造成して町人を住まわせた。

続いて隅田川下流部から旧中川を東西に一直線で結ぶ全長五キロの運河・小名木川を開削した。行徳の塩田で製造された塩を大量かつ効率的に江戸に運べるようになり、物資の動脈になっていく。

前述のように城下の大部分は湿地帯であったため、堀はその排水を効率的に行うと同時に、江戸の水運を発達させる役割を果たした。

一方、当時は利根川が江戸を南下して江戸湾に流れ込んでおり、たびたび氾濫が起きていた。その洪水から江戸城下を守るため、利根川の流れを東方向に替える利根川東遷事業もスタートさせている（詳細は後述）。

こうした城下町整備を進めつつ、城の改修に着手した。当時の江戸城の範囲は、現在の皇居東御苑の本丸と二の丸に当たる区域だけだったが、その増改築を行うとともに、新たに城域を拡張して西の丸などの建設を開始した。

ただ当時はまだ豊臣政権下であり制約もあったため、この時期の工事は部分的なものにとどまっていた。しかし家康が征夷大将軍となった慶長八年（一六〇三）以降、江戸城築城と町づくりは国家プロジェクトへとバージョンアップされていく。

参勤交代が江戸の開発を促進

関ヶ原の戦い後、多くの大名は江戸の家康の下に参勤し、事実上の人質として妻子も江戸に住まわせるようになった。多数の家臣も江戸にやってくる。参勤交代の始まりだ（これは家光の時代に制度化されることとなる）。

江戸ではそれら各大名の江戸屋敷や家臣団の住居が必要となった。江戸城工事のため動員された全国の大名とその家臣、職人たちの住居も欠かせない。彼らの消費をまかなうため、数多くの商工業者も江戸に集まってきた。

このような人口増加に対応するには新たな土地が必要だ。そこで現在の千代田区の駿河台付近にあった神田山を切り崩し、その土砂を使って日比谷入江を完全に埋め立てた。これにより、日比谷入江の前方に半島状に突き出ていた江戸前島と陸続きになり、新たな市街地が形成されていった。現在の日本橋から京橋、銀座、新橋にかけての一帯に当たる。

人口増加に伴い飲料水の確保が重要となり、神田上水の前身となる上水道を開削した。

新たな埋立地にも堀をつくり、既存の堀や川とつながって江戸城を守る外濠の役割を果たした。秀忠・家光の時代までの整備を経て、最終的には内濠から外濠まで「の」の字型を描く渦巻き状の水路を形成する。これは、江戸の物流をまかなう重要な水路となると同時に、水路に沿って市街地が外に向かって拡大していく地理的条件を整えることとなった。

「天下普請」で大名統制強化～徳川三代で三度の天守閣

市街地の拡張・整備と連動して、家康は江戸城の本格的な増改築を開始した。

家康は慶長一〇年（一六〇五）に将軍職を秀忠に譲り大御所となっていたが、築城の名手との評判の高い藤堂高虎に縄張り（設計）を命じて、本丸、二の丸、三の丸を全面的に改築。さらに西の丸などの工事も本格化させた。

一連の工事の中でも大仕事となったのが石垣の築造だ。石垣用の石材は伊豆で切り出して船で運んだが、その量は膨大だった。家康の外孫に当たる松平忠明《ただあきら》が編纂したとも言われる『当代記』によれば、石材を乗せた船は江戸と伊豆の間を毎月二回往復し、船の総数は三〇〇〇隻以上にのぼったという。

天守閣の建設にも着手し、慶長一二年に完成させた。これは慶長度天守と呼ばれる。城郭考古学者の千田嘉博奈良大学特別教授によると、大天守と三つの小天守を渡櫓で結んだ連立式天守で、大天守の高さは約四八メートル、天守台の高さを加えると約六九メートルという。天守台も含め約四〇メートルだったとされる大坂城をはるかにしのぐ高さだ（同氏他『江戸始図でわかった「江戸城」の真実』）。

家康は「大坂城より高く大きくせよ」と命じていたという。天守閣だけでなく、石垣の高さ、城郭の広さ、軍事的な備えなど、あらゆる面で「史上最大の城」にして防衛力を飛躍的に高め、豊臣家と全国の大名に対し圧倒的な軍事的優位と権威を見せつけた。

ここで重要なのは、関ヶ原合戦以前の工事は徳川譜代の家臣が担当していたが、征夷大将軍となった慶長八年以降は各大名に命じて工事を行わせたことだ。これを「天下普請」という。

具体的には、天守台は黒田長政、本丸は毛利秀就と吉川広家、石垣は藤堂高虎と山内一豊といった具合に分担させ、外郭石壁の築造には細川忠興、池田輝政、加藤清正、福島正則など二〇以上の大名に工区を分けて割り当てた。前述の伊豆からの石材の輸送も、これらの大名を中心に二八の外様大名に命じている。

資材の調達から工事要員の確保などを含め、工事費はすべて大名の負担だ。これによって彼らの経済力をそぐと同時に、工期や出来栄えを競わせて、徳川への忠誠心を高める。築城工事を通じて「この城を攻め落とすことは不可能」と思い知らせ、謀反心を起こさせないようにする効果もあった。

町づくりでも、日比谷入江の埋め立てや神田川の開削など主要工事は天下普請で行われた。

天下普請は江戸だけではなかった。関ヶ原の前哨戦で焼失した伏見城の再建と、徳川の京都の拠点となる二条城の築城に相次いで着手（慶長六年）、続いて慶長九年から彦根城を築城して、徳川四天王の一角・井伊氏を配置した。さらに伊賀上野城、丹波亀山城、丹波篠山城を天下普請で新築または大規模改築し、豊臣包囲網を築いた。その後方で大坂をにらむ名古屋城や、大御所となった家康の居城としての駿府城も、天下普請によって築いた。

豊臣家を滅ぼした翌年の元和二年（一六一六）に家康は死去するが、秀忠は大坂城を破却して地中深くに埋め、その上に新たに「徳川の大坂城」を建設した。天守閣の高さは天守台を含め約五八メートルに及び、豊臣時代の約四〇メートルを大幅に上回るものとなった。徳川が完全に天下を統一したことを示したのだが、これも天下普請によって行われた。

話を江戸城に戻すと、天下普請は秀忠と家光の時代まで数次にわたって続けられ、秀忠は家康が建てた天守閣を壊して新たな天守閣を建設した（元和度天守、完成は元和九年）。さらに家光は元和度天守を解体して新たな天守閣を建て直している（寛永度天守、完成は寛永一五年・一六三八）。それぞれが将軍としての威光を示すためだった。

寛永年間には、飯田橋から四谷を経て溜池までを掘り下げて外濠とするとともに、各所に城門と石垣を築き城の外郭を確定させた。これにより、町人町を含む周囲一六キロ、面積約二〇〇〇ヘクタールに及ぶ惣構えが完成した。

こうして前例のない大規模で行われた江戸の城づくりと町づくりは、家光時代に一応の完成を見る。

人口増加と消費拡大の「好循環」

これまで見てきたように、一連のプロジェクトは大名統制策とセットだったが、同時に大きな経済効果をもたらした。まず、江戸の人口増加と消費拡大だ。

家康江戸入府時の「茅葺きの家百軒」は、家康の業績を強調するための〝過小評価〟の可能性があることは前述のとおりだが、その点を差し引いて考えても、わずかな人口だったことは確かであろう。

そこから江戸の人口増加が始まったわけだが、慶長一四年（一六〇九）に江戸を訪れたフィリピン総督ロドリゴ・デ・ビベロ（スペイン人）は「江戸の人口は一五万人」と記している（大垣貴志郎監訳『日本見聞記　1609年』）。

その根拠は示されていないが、「道路網は立派で、街路はどれも同じ道幅と長さに整備されており、スペインの道路事情より優れている」「魚河岸という地区（市場のこと：筆者注）があり、（中略）その品物の豊富さと種類の多さもさることながら、その清潔な商品の陳列は購買力を煽る」など、江戸の町の様子や発展ぶりを紹介している。

江戸の人口はその後も増加が続き、元禄時代の一七〇〇年代初頭には一〇〇万人を超えたと推計されている。いずれにしても現在のような戸籍のない時代のことで、正確な人口はわからないが、一六〇〇年代の爆発的な人口増加は疑いのないところだ。

江戸の人口が増え発展し始めると、消費も急速に拡大する。それを見て、全国から商人も江戸にやってきた。大坂や京都の商人も江戸に進出し、松坂商人や近江商人が江戸に店を構えるようになった。

その一例が、今日「寝具の西川」で知られる西川だ。

西川の創業者・西川仁右衛門《にえもん》は、近江八幡で特産の蚊帳《かや》と畳表の販売を営んでいたが、元和元年（一六一五）、江戸日本橋のたもとに支店を出した。江戸で大名屋敷が続々と建設され、畳表の需要が急増し始めていたことに目をつけたのだ。

西川の蚊帳と畳表はたちまち評判となり、事業は急成長していった。仁右衛門の後を継いだ息子の甚五は、蚊帳に薄緑色の染色を施して縁に紅布をつけた新商品・萌黄《もえぎ》蚊帳を新開発した。「涼しげでおしゃれ」と大ヒット商品となり、浮世絵にも描かれたほどだ。一族の西川利右衛門や分家なども相次いで日本橋に進出、ついには新装なった江戸城本丸の畳替えを一手に任されたという。

こうした西川の急成長は江戸初期の経済発展を象徴していると言える。その後、西川は明治時代に布団の販売を開始、これが主力事業に成長し、今日の西川グループとなっている。ちなみに、仁右衛門が出した日本橋店は、令和二年（二〇二〇）に再開発で移転するまで四〇五年間同じ場所で営業していた。

こうして城づくりと町づくりが人口増加と消費拡大をもたらし、それがさらなる人口増加と経済発展へと波及していく「好循環」が生まれたのだった。江戸の発展はさらに続いていくことになる。

3　〝エドノミクス・第二の矢〟～地方都市の発展

西国への抑えの拠点・姫路城

家康が江戸城の築城と町づくりを進めていた頃、地方でも建設ラッシュが起きた。大名統制策の経済効果が地方にも波及したのである。

関ヶ原の戦いに勝利した家康は、西軍の大名を改易や減封処分にして、東軍の大名と徳川一門を加増した。ここで注目されるのは、東軍についた外様大名の多くが加増とセットで遠方の西国に転封となったことだ。

中でも、秀吉から東海道筋に領地を与えられていた豊臣恩顧の大名はすべて中国・四国に移動させられ、その後には徳川親藩または譜代の大名が入った。その主な例は次のとおりだ。

＊中村一忠：駿府一五万石→米子一八万石
＊山内一豊：掛川七万石→土佐二〇万石
＊田中吉政：岡崎一〇万石→柳川三三万石
＊池田輝政：三河吉田一五万石→姫路五二万石

＊福島正則：清洲二〇万石→広島五〇万石

このうち池田輝政の場合を見てみよう。

姫路城は、かつて秀吉が毛利攻めの拠点として本格的な城郭に改修し三層からなる天守閣が建っていたが、輝政はこれを破却して新たに五層六階（天守台内部階も含めると七階）の天守閣を建設、城域も大幅に拡大した。これが令和の今日まで維持・保存され世界遺産となっている姫路城である。

姫路城の天守閣の高さは三一・五メートルで、江戸城や大坂城、名古屋城など「徳川の城」以外では最も高かったとみられる。外観も江戸城に似ていたという。徳川のイメージとだぶらせ、西国の外様大名ににらみをきかせる狙いだった。そして万が一、西国から外様大名などが攻めてきた場合、畿内の手前で食い止め、大坂の豊臣氏との合流を防ぐという重要な防衛拠点でもあった。

姫路城は「白鷺城」とも呼ばれ、外観がきわめて美しい。だが城内各所には鉄砲や弓の射撃用の狭間を約一〇〇〇個（かつては三〇〇〇〜四〇〇〇個あったとも言われている）も備えているほか、要所要所に設置された門は天守閣に近づくにつれてだんだん小さくなって通り抜けしにくくなり、土塀で仕切られた通路は迷路のように曲がりくねるなど、至る所に防衛の仕掛けが施されている。それらを見て歩くと、城全体が堅固な要塞だと実感する。

輝政は外様大名ではあるが、正室が家康の次女・督姫《とくひめ》だったことから徳川一門に準ずる扱いを受け、西国牽《けん》制の役割を担っていた。

城のリニューアルと同時に城下町の整備にも着手した。秀吉時代の大手門は北東に向いていたが、南側に変え、その前方を中心に城下町を開いた。町割りは七八町（八八町とも）に及び、商人や職人などを職種ごとに分けて住まわせた。その一部は、鍛冶町、紺屋町などの地名として現在も残っている。

城の南方を東西に通る西国街道（山陽道）を城下に取り込み、人の往来を活発化させた。江戸中期ごろに書かれた絵図には、西国街道に沿って二階建て瓦葺きの建物が立ち並ぶ光景が描かれており、町の繁栄ぶりがうかがえる。

全国で建設ラッシュ――各大名が築城と城下町整備

城づくりと町づくりを進めたのは各大名も同じだ。

黒田長政は関ヶ原の功績により豊前中津一八万石から筑前五二万石の大大名となった。筑前にはすでに商業都市として栄えていた博多があったが、長政は博多沿いを流れる那珂川対岸の西側に新たに福岡城を築き、城下町を建設した。これによって商人の町・博多と城下町・福岡は「双子都市」として相互の機能を発揮しながら発展していった。

転封のなかった大名も城の築造や城下町づくりを進めている。伊達政宗は本拠地を岩出山（現・宮城県大崎市）から同じ支配地内の仙台に移し、新たに仙台城の築城と城下町の建設を開始した。

前田利長は城下町の整備に力を入れ、金沢の町は加賀百万石のおひざ元として発展した。元禄の頃には人口が一〇万人を超え、江戸、大坂、京に続き、名古屋と並ぶ四～五位の大都市となっている。

一方、石高の小さい大名や関ヶ原後に減封となった大名も、それぞれの石高に見合った城下町の整備に力を入れた。こうして全国各地で建設ラッシュが起きたのだった。いわば列島改造ブームだが、多くの大名が江戸城などの天下普請に従事したことで築城技術に習熟したことも、各地方の築城や城下町整備を活発化させる一因となった。ここにも大名統制策の経済効果が表れている。

ただ、家康は大坂夏の陣の直後に一国一城令を出し、本拠となる居城以外の支城すべての廃棄を命じるとともに、武家諸法度を発令して新規の築城禁止と幕府の許可を得ない修理の禁止を打ち出した。このためその後は新規の築城はほとんどなくなったが、各大名とも城下町の整備は継続した。

4　〝エドノミクス・第三の矢〟〜交通網・流通の発達

街道の整備――参勤交代の経済効果

江戸の発展と地方都市の整備は、街道と宿場町、交通網の発達という効果ももたらした。

家康と秀忠は幕府を開いた翌年の慶長九年（一六〇四）以降、江戸日本橋を起点と定め、東海道など五街道を整備していった。五街道は軍事的にも重要であることから幕府直轄として、一里塚を設置した。街道沿いには松の木を植えさせるなど、人々が安心して旅ができるような環境を整えた。

幕府の正史である『徳川実紀』は、秀忠が大久保長安に「一里塚に植える樹にはよい木を用いよ」と命じたのを、長安が誤って榎《えのき》を植えたとのエピソードを記述している（大石学他編『現代語訳徳川実紀・家康公伝２』）。街道には杉も多く植えられ、今日でも日光や箱根に残る杉並木は有名だ。

各街道には要所ごとに大名や幕府役人が宿泊する本陣・脇本陣が設置され、宿場町が発達していった。

江戸や全国各地の宿場町では参勤交代に伴う消費活動が活発化した。ここでも、大名統制策が大きな経済効果を生んだのだ。

時代は文化年間（一八〇四～一八一八）に下るが、松江藩（約一九万石）が参勤交代の道中でかかった経費は年平均三六四〇両にのぼっている（竹内誠監修『江戸時代館（第二版）』）。大雑把に一両一〇万円として換算すると、現在の三億六四〇〇万円程度に相当する。これに加えて江戸滞在の経費は四万三二〇〇両、約四三億二〇〇〇万円。これらを合わせた参勤交代関連経費は藩の経費全体（家臣への俸禄を除く）の実に六割を占めている。

参勤交代の行列は石高によって人数が一応の基準で決められていたが、たとえば最大の石高一〇〇万石の加賀藩の人数は多い時で四〇〇〇人に達し、道中経費は「三億円から五億円かかった」という（同書）。

藩の石高の大小や江戸からの距離によって経費は藩ごとに大きく異なるが、全国約二六〇藩の道中経費を合計すると、数百億～一千億円近くに達していただろうか。参勤交代は一年おきだったため、各藩とも往路または帰路どちらかの行列が毎年移動し、これだけのおカネを消費していたわけで、街道沿い地域への経済効果は大きかったと言える。

この参勤交代と前述の改易・転封、それに天下普請は大名統制の三本柱だが、そのいずれもが大きな経済効果を発揮して、〝エドノミクス〟の第一～第三の矢を構成したことになる。家康の戦略は見事に成功したのだった。いや、想定以上の効果を上げたと言ってもよいだろう。

流通網が発達、日本全国が経済圏で結ばれる

交通網の整備が進むと、一般の人々の往来も活発化する。

その結果、街道沿いの宿場町は賑わい、旅籠《はたご》をはじめ飲食店や土産店などが増えていった。各地の寺社に参詣する人も増え、門前町も発展していく。当時の国単位で考えれば、現代のインバウンド効果と似ている。

街道の整備による陸上交通網だけでなく、海上交通も発達し始めた。江戸の急成長に伴う食料や日用品の需要拡大に対応して、上方から江戸への物資輸送が増え、一度に大量に運べる海上輸送が重要な運搬手段となっていった。

その中心となったのが菱垣《ひがき》廻船だ。元和五年（一六一九）、堺の商人が二五〇石積の船を借り受けて酒や油などを江戸に運んだのが始まりとされている。その翌年以後には菱垣廻船業者が相次いで開業し、上方の港と江戸との間を定期就航するようになった。

こうして経済活動が広域化し、全国的につながりを持った経済圏が形成されるようになった。戦国時代には地域ごとに分立していた経済圏が、天下統一によってその障壁が低くなり、経済効果が広域的に波及するようになったのだった。

これには、関所の廃止・減少も影響している。実は戦国時代までは各地に乱立する領主や豪族、さらには寺社などが関所を設け関銭（通行料）を徴収していた。たとえば大坂から京まで行くのに約四〇〇もの関所を通らねばならなかったという。これらの関所は織田信長が畿内を支配下においた後に廃止したが、全国的に見ればまだ数多く残っていた。

それが天下統一と各藩の支配体制が確立したことによって関所は各藩の国境や箱根などの幕府の関所だけとなり、人とモノの移動が円滑になったのである。

鴻池などスタートアップ企業が続々

こうした経済発展を背景に、前述の西川のように多くの商人が活躍したのも、この時代の特徴である。そのもう一つの代表例として、山中幸元（鴻池直文、通称新六）を挙げたい。

幸元は〝悲運の戦国武将〟として名高い山中鹿介（鹿之助などの表記も。諱《いみな》は幸盛）の長男と伝えられる人物で、幼い頃に父が殺されたため流浪の身となり、摂津国鴻池村（現・兵庫県伊丹市）に身を潜め辛酸をなめるような生活を送ったという。父の鹿介は「我に七難八苦を与えたまえ」と月に祈った逸話で有名だが、息子もまた七難八苦の少年時代を過ごした。

やがて成長した幸元は武士を捨て商人として生きることを決心する。伊丹は酒造りが盛んであったことから、「鴻池屋」の看板で酒造りを始め、慶長五年（一六〇〇）頃に清酒の開発に成功した。

当時の酒はすべて濁り酒だったため、清く澄んだ酒は評判となり、江戸にも出荷するようになった。当初は馬で運んでいたが、やがて船を使って運搬するようになった。

伊丹市の鴻池屋の屋敷跡に残る「鴻池稲荷祠碑」には「鴻池家は初めて清酒を製造し財を成した。これにあやかって、近隣の伊丹や池田から灘、西宮など数百軒の酒造家が起こった」と記されている。

鴻池を清酒発祥の地とすることには異論もあるようだが、鴻池屋をはじめ伊丹酒が江戸で大ヒット商品となったのは事実だ。江戸では、上方から送られた名産物が「下り物」と呼ばれて珍重されたが、伊丹の清酒はその筆頭だった。

「下り物」は、高級品あるいは付加価値の高い商品だ。これは江戸の消費が量的に拡大していただけでなく、平和な時代への移行と生活水準の向上によって、より品質のいいものを求めるニーズが高まっていたことの反映である。そのことがますます江戸の消費を旺盛にし、その波及効果が上方や地方にも及んだことを示している。鴻池など伊丹酒の大ヒットはその象徴だ。

幸元は江戸での成功で事業が成長するにつれ、酒以外の品物も船で一緒に運搬するようになり、海運業に進出した。西国大名の領国から大坂蔵屋敷までの米の船運や参勤交代での物資の運搬なども請け負い、大名への貸付を始めた。息子・正成（初代鴻池善右衛門）の代になってからは両替商としても事業を広げ、日本有数の豪商となった。これが鴻池財閥の始まりである。

鴻池や西川などの商人は、今で言うベンチャー企業、スタートアップ企業だ。彼らの企業家精神が江戸時代初期の経済発展を民間側から牽引する役割を果たした。

5 〝エドノミクス・第四の矢〟～新田開発で農業生産増加

「大開墾時代」の到来～空前の新田開発ラッシュ

変貌を遂げたのは江戸や地方都市だけではなかった。全国各地の農村では新田開発が進められ、空前の開墾ラッシュとなった。

戦国時代が終わって、農民は戦に駆り出される心配がなくなり安心して農作業に専念できるようになった。これに加え、江戸や各地の城下町の人口増加によって食料への需要が高まったことが開墾ブームの背景だ。

大石慎三郎氏によると、一六〇〇年頃の全国の耕地面積は約一六三万五〇〇〇町歩（一町歩は約一ヘクタール）だったが、一七二〇年頃には約二九七万町歩と、約一・八倍に増加している（同氏『江戸時代』）。

ただし大石氏自身も指摘しているとおり、この時代には多年次にわたり正確に比較できるような統一的手法による統計はまだ存在していないため、耕地面積の数字は年によって別の史料を典拠としている（これは後述する人口やGDPなど他のデータも同じ〝宿命〟を持っている）。したがって一応の目安と考えるべきだが、江戸時代前期に大幅に増加していたことは間違いない。

それは「大開墾時代」と呼ぶにふさわしい。現代になぞらえれば、列島改造ブームが農村にも及んだということになる。

耕地面積の増加に伴い、米の生産量も増加した。高島正憲・関西学院大学准教授は先行研究をもとに独自の推計を加えた結果、一六〇〇年の全国の石高を三〇六八万石、一七二一年を四八八一万石と試算している（同氏『経済成長の日本史』）。その増加率は約一・六倍である。

耕地面積、石高ともに、江戸時代後半になると増加が鈍化しており、前半期の増加が際立っている。

これには農業技術の発達も寄与している。戦国時代には戦いのための土木技術が発達していたが、その技術の蓄積が新田の開墾や灌漑工事などに活用された。農機具の普及や栽培技術の改良なども進んだ。

河川改修で肥沃な田園地帯を創出

何といっても、米は幕藩体制の財政を支える重要な基盤である。幕府や各大名は新田開発と農作物の増産を奨励し、その促進のために河川の改修や灌漑用水の整備など治水事業を積極的に推進した。

その代表例が、利根川の付け替えと流域の改修だ。家康は江戸入府から間もない文禄三年（一五九四）、関東の諸代官を統括する代官頭（後の関東郡代）・伊奈忠次に命じて利根川の東遷事業に着手した。江戸の町を氾濫から守って都市づくりを進めると同時に、付け替え後の新しい流域で新田開発を行い、さらに水運の向上を図るという一大プロジェクトだった。

事業は数十年間にわたり行われ、併せて荒川、鬼怒川、小貝川などの河川の付け替えと改修も行った。一連の工事は伊奈忠次が指揮を執り、忠次の死後は息子の忠政、忠治が引き継いだ。こうして関東平野は肥沃な水田地帯となったのである。

この時代には、大規模な河川事業が全国各地でも行われている。

伊達政宗は、それまで太平洋側の追波湾《おっぱ》に注いでいた北上川の本流を南の石巻湾に注ぐ付け替え工事を行った。これにより、川沿いの広大な湿地帯を肥沃な水田に変えた。

加藤清正は熊本城の築城と並行して、城下でたびたび氾濫していた白川の流路変更や堤防の築造などの改修を行うとともに、河口部で干拓を進めた。

福岡入りした黒田長政は遠賀《おんが》川の改修に着手した。家老の栗山大膳に命じて遠賀川から分水する新たな運河を開削し、堤防を築く工事を行った。工事は難航したが、周辺の新田開発が進み、遠賀郡の米の収穫は二万石も増えたという。

これらの例を見ると、有名な戦国大名の多くは戦いや城づくりだけでなく、新田開発による農業生産の増強にも力を発揮していたことがわかる。

戦国時代までは、各地に数多くの領主や豪族が分立していたため、広範囲の流域にまたがる河川改修を行うほどの権力を持つ者は少なく、その技術も発達していなかった。したがって河川改修に伴う大規模な新田開発の例も少なかった。

しかし戦国末期から江戸初期になると、国単位や数カ国にまたがる大名の統治が確立し、大河川の下流にある沖積層平野を広大で肥沃な田園に変えることが可能になったのだった。こうして米の増産に拍車がかかったわけだが、それもまた、列島改造と言える。

6 〝エドノミクス・第五の矢〟～財政・金融政策

以上の〝第一～第四の矢〟を推進するうえで、不可欠だったのが幕府財政の確立だった。

これが〝第五の矢〟だ。家康は関ヶ原の戦い後の西軍大名の処分や大坂の陣後の豊臣家の領地没収などによって幕府直轄地を増やして財政基盤を広げるとともに、年貢の徴収システムを確立させた。その後の新田開発や農業生産増加によって、幕府の年貢収入も江戸中期頃までは増加していく。

全国の主要金銀鉱山も直轄地とし、幕府財政を支えた。中でも佐渡金山からの収益は年貢収入に匹敵するほどだったという。おかげで幕府開府当初の財政は潤沢だった。

家康は各鉱山で産出された金銀銅を使って、通貨の全国統一をめざした。その代表的なものが慶長小判だ。発行開始は関ヶ原の戦いの年、慶長五年（一六〇〇）で、まだ幕府が開かれる前である。金の含有率は八六・七九％ときわめて高く、徳川新政権の信用力と権威を示す狙いも込められていた。

続いて銀貨、銭貨（銅貨）の発行も開始し、幕府は金一両＝銀五〇匁《もんめ》などの公定相場を定めた。ただ実際の交換レートは需給に応じて変動していた。

現代では、財政政策は財務省を中心とする政府、金融政策は中央銀行（日銀）という体制が確立しているが、この時代は財政政策と金融政策はセットだった。こうして家康が確立した財政・金融政策は、江戸時代全体を通して時間をかけながら貨幣経済を発展させることとなる。

7　未曾有の人口増加と〝高度経済成長〟

平和な時代となり、人口増加

江戸の人口増加や地方での城下町の整備、そして農業生産の増加は、全国的な人口増加をもたらした。

江戸時代の全国人口については、享保六年（一七二一）に八代将軍・吉宗が各藩に調査を命じて実施した「国別人口調査」が利用可能なデータの最初で、それによると全国の人口は約二六〇〇万人だった。ただし各藩の調査では、武士（足軽や従者を含む）とその家族の数はいわば軍事機密として除外されており、そのほか年少者（藩によって一五歳以下や八歳以下など）も含まれておらず、除外範囲も統一されていない。これらの分を加味して、全人口は約三一〇〇万人というのが定説となっている。

一方、それ以前については全国的な調査は実施されていないため、正確なことはわからないが、現代に残されている断片的な史料をもとに多くの学者が推計を行ってきた。

古くは明治・大正期の歴史地理学者、吉田東伍氏は「一人＝一石」と仮定して、一六〇〇年頃の人口を一八五〇万人とした。これに対し歴史人口学の先駆者である速水融《あきら》・慶応義

【図表1】江戸時代の人口推移（推計）と三大飢饉

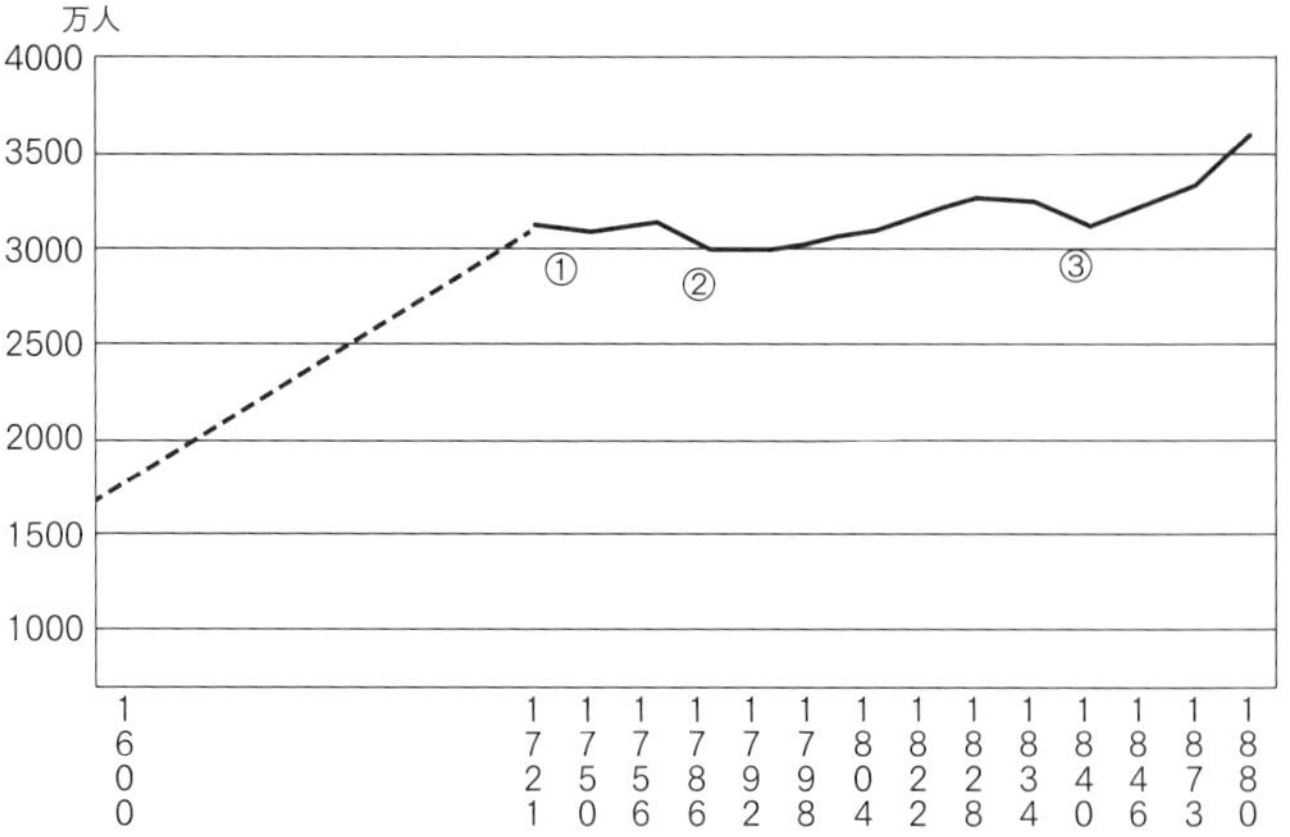

注：①享保の大飢饉（1732）②天明の大飢饉（1782～88）③天保の大飢饉（1833～39）

出所：1600年の数値は斎藤修・高島正憲「人口と都市化,移動と就業」深尾京司他編『岩波講座日本経済の歴史2・近世』62-63頁、1721年以降の数値は鬼頭宏『人口から読む日本の歴史』16-17頁をもとに、筆者にて作成。

塾大学教授（後に名誉教授、故人）はその仮定に疑問を持って、独自の手法で新たな推計値を一九六〇～七〇年代に発表、その後の修正を経て一二〇〇万人前後とした（速水融・宮本又郎編『日本経済史1・経済社会の成立』）。

一七二一年の三一〇〇万人が一応の確定値とすれば、速水説では一六〇〇年の一二〇〇万人から約一二〇年で二・六倍に増加したことになる。速水氏は「人口爆発」「前近代社会としては驚くべきハイ・スピード」と表現している。

これが近年まで定説となっていたが、最近は新たな推計が提示されている。斎藤修・一橋大学名誉教授と前述の高島氏は、人口増加がすでに戦国末期から始まっていたとして一六〇〇年の人口を一七〇〇万人と推計し、速水説を上方修正している（深尾京司他編『岩波講座日本経済の歴史2・近世』）。

この説のとおりであれば、一七二一年までの人口増加は一・八倍余りということになり、「人口爆発」というのはやや大げさかもしれない。それでも、日本歴史上で類を見ない人口増加であることには変わりない。

そして注目されるのは、幕府の全国人口調査はその後、弘化三年（一八四六）まで原則として六年ごとに実施されているが、そのいずれもが第一回調査より微減または微増で、全体としてほぼ横ばいとなっていることだ。つまり江戸時代の中期以降の人口は明らかに停滞へと転換したのである。それだけに、江戸前期の人口増加が際立っている。

欧州主要国を上回る成長率に～戦後日本と似た軌跡

このように、江戸前期は戦乱が終結して平和な時代に移行したことを背景に経済発展と人口増加が相互に影響し合いながら持続していった。そこには、家康による〝エドノミクス〟の効果が大いに表れていたと評することができる。

ではこの時期の経済発展ぶりを数値で表すことは可能なのだろうか。もちろん当時は現在のような経済統計は存在しておらず、マクロ的に正確に把握することは不可能である。

だがそれでも、当時のＧＤＰ（国内総生産）を推計するという大胆で興味深い研究がなさ

【図表2】主要国のGDP推移（推計）

	1600年	1700年	1820年	1870年
日本	9,620	15,390 0.47%	20,739 0.25%	25,393 0.41%
イギリス	6,007	10,709 0.58%	36,232 1.02%	100,180 2.05%
フランス	15,559	19,539 0.23%	35,468 0.60%	72,100 1.43%
ドイツ	12,656	13,650 0.08%	26,819 0.56%	72,149 2.00%
スペイン	7,029	7,481 0.06%	12,299 0.42%	19,556 0.93%
西欧全体	65,602	81,213 0.21%	159,851 0.57%	367,466 1.68%

注：各国の上段は、GDP金額（100万・1990年国際ドル）。
下段は、各年までの年平均成長率、％。

出所：アンガス・マディソン著、政治経済研究所監訳『世界経済史概観―紀元1年-2030年』478頁による。但し、下段の各年までの年平均成長率（％）は、同書の数値をもとに、筆者が算出。

れている。

イギリス人経済史学者、アンガス・マディソン氏（故人）は各国に残された断片的な史料をもとに限られた統計データをつなぎ合わせるようにして、かつ非数量情報や事例も加味して、各国の実質GDPの歴史的推移を推計した（金森久雄監訳『経済統計で見る世界経済2000年史』。政治経済研究所監訳『世界経済史概観』）。

それによると、一六〇〇年の日本のGDPは九六億二〇〇〇万ドル（一九九〇年国際ドル）で、一〇〇年前に比べ二五％の増加（年平均成長率〇・二二％）だったが、一七〇〇年には一五三億九〇〇〇万ドルとなり、一六〇〇年からの伸び率は六〇％（同〇・四七％）と大幅に拡大している。

これをヨーロッパ各国と比較すると、日本の成長ぶりがより明確になる。英国のGDPは一六〇〇年から一七〇〇年までの一〇〇年間の年平均成長率は〇・五八%となっているが、他の主要国は小幅な伸びにとどまっている。大英帝国として発展著しかったイギリスの成長率には及ばなかったものの、日本は他のヨーロッパの大国をしのいでいたのである。

この統計の前述のような性格上、厳密な比較はできないが、総合的に見て一六〇〇年頃から一七〇〇年頃まで日本が大幅な経済発展を遂げたことは確かだと言ってよい。

以上のように江戸時代前半期の経済成長を見てきたわけだが、その軌跡は実は戦後の日本経済の歩みと共通するところが多い。

周知のように、戦後の日本は敗戦によって平和な時代となり、終戦直後にはベビーブームが起こり、人口が急速に増加した。焼け野原となった東京をはじめ全国の都市では住宅やビルの再建工事が急ピッチで進み、短期間で復興を遂げたあと、高度経済成長へと駆け上がっていった。

その間、政府は国策として経済の復興と産業育成を推進し、高度経済成長を主導した。民間ではソニーやホンダなど新しい起業家が登場したのをはじめ、日本企業は安くて良質の製品をつくり、高度経済成長を牽引した。

やがて全国の各地で開発が進み、列島改造ブームが起きる。

同じように江戸時代も、家康の天下統一によって平和な世となり、経済成長と人口増加が実現した。江戸や各地で開発が進み、新しい商人たちが続々と登場し事業を拡大させたことも見てきたとおりである。

こうして経済発展は元禄時代までの約百年間続くことになる。だがそれまでの道のりは順調だったわけではなかった。

第二章　幕府を揺るがした政治危機と大災害

1　〝高度経済成長の影〟～浪人増加で社会不安

家光の死がきっかけに

慶安四年（一六五一）四月二〇日、三代将軍・徳川家光が四八歳で病死した。幕藩体制を確立した家光だが、その死によって、幕府は開府以来、初めてと言える危機に直面した。

家光は諸大名を前に「余は生まれながらの将軍である」と〝宣言〟したことは有名な話だが、その言葉通り在職中は数多くの大名の改易を断行し大名統制を一段と強化した。しかし大名が改易されれば、その家臣たちは浪人となる。家康、秀忠、家光の三代にわたり多くの大名を取り潰してきたため、家光の時代には浪人の数が五〇万人に達したとも言われている。これが社会不安を引き起こしつつあった。

家光時代に起きた島原の乱（寛永一四〜一五年・一六三七〜三八）はその一例だった。島原藩のキリシタンへの厳しい弾圧と過酷な年貢取り立てに対して反乱が起きたものだが、これには改易された有馬、小西、加藤など大名の旧臣が多く加わっていた。

第一章で、家康以来の大名統制が平和な世と〝高度経済成長〟につながった様子を見てきたが、その一方で浪人問題が深刻化していたのだ。いわば高度成長の〝光と影〟である。

そうした中で家光が将軍在職のまま亡くなったことは、どことなく不穏な空気を醸し出していた。後継ぎは家光の息子・家綱と決まっていたが、まだ一一歳だ。しかも家綱の将軍宣下（朝廷による任命の正式な儀式）までの手続きに数カ月かかる。そんな政治的空白を突いて、大事件が起きた。

由井正雪、幕府転覆を計画

家綱が将軍宣下を受ける前の七月、江戸で私塾を開いていた軍学者・由井正雪の幕府転覆計画が露見したのである。浪人救済を掲げ、江戸の各所で火を放って江戸城を焼き討ちにし、混乱に乗じて幕閣を殺害し家綱を人質に取るというもので、同時に駿府や京でも決起することを企てていたとされる。

実際には彼らが実行に移す寸前に幕府の知るところとなり、正雪は駿府で捕り方に囲まれ自決、江戸でも数十人が逮捕され磔《はりつけ》などとなった（慶安の変）。

幕府は計画実行を未然に防ぐことができたのだが、事件はこれだけでは終わらなかった。正雪の遺品の中から、御三家である紀州藩主・徳川頼宣《よりのぶ》の書状が見つかったのだ。これが本物なら一大事である。

頼宣は家康の十男。家光の叔父、家綱の大叔父に当たり、当時の徳川一門の長老だったが、かねてから秀忠と家光の幕政運営に不満を持っていたと言われている。幕閣は「正雪の黒幕ではないか」と疑い、江戸城に呼び出して問い質した。しかし頼宣は「書状は偽物」として関与を否定、最終的にはおとがめなしとなったが、その後一〇年間、紀州への帰国が許されなかった。

頼宣に将軍の座への野心があったかどうかは不明だが、後に自分の孫・吉宗が将軍となったことは本望だったと言えるかもしれない。

それはともかく、慶安の変はまさに幕府を揺るがす大事件となった。事件前、正雪の塾は数多くの門弟が集まる人気の私塾で、一説では、徳川将軍家や複数の大名から仕官の誘いがあったが、それを断り、一段と人気を集めたという。庶民の支持を受ける要素を持っていたわけで、それほど浪人問題は深刻化していたのである。

2　武断政治から文治政治への転換

末期養子の解禁など大名統制を緩和

もはや浪人問題をスルーすることはできない。そこで幕府は、浪人問題の根本原因となっていた大名統制を緩和する方針を打ち出した。武断政治から文治政治への転換である。

まず、末期《まつご》養子の解禁だ。末期養子とは、当主に後継ぎがいないまま急病や事故などで危篤状態などに陥った場合、急きょ養子縁組によって後継ぎを決めることで、幕府は大名の末期養子を禁止していた。このため後継ぎがいないまま当主が死亡すると、その家は取り潰しとなった。

幕府は、これに該当する場合は外様だけではなく親藩や譜代でも容赦なく改易処分にし、浪人増加に拍車をかける原因となっていた。そのため幕府は、当主が五〇歳未満であれば末期養子を認めることにした。これによって改易を減らし、浪人の新規発生に歯止めをかけようとした。

続いて、殉死を禁止した。殉死は主君との個人的な絆の強さを表し、いわば究極の忠誠の形とされていた。家光の死に際しては老中の阿部重次と元老中の堀田正盛らが殉死している。大名家でも、伊達政宗や熊本藩主・細川忠利の死に際して多くの重臣が殉死していた（熊本藩の殉死は、後に森鷗外の『阿部一族』の題材となった）。

だが殉死によって後継者は有能な部下を失うこととなり、「家」にとって損失である。家光時代に阿部や堀田と同じように老中を務めていた松平信綱は殉死しなかったため批判されたが、彼は「誰が幼君を守るのか」と反論したという。大名家でも、水戸藩主・徳川光圀や会津藩主・保科正之などが家臣の殉死を禁止していた。

こうしたことを受けて、幕府は殉死を全面的に禁止したのだった。いまだ戦国の気風が残り、前述のように殉死しなかった家臣が批判される風潮があった中で、殉死禁止を打ち出したのは大英断だった。これは大名統制緩和策というわけではないが、武断政治から文治政治への転換の一環となった。

政策転換を主導した保科正之

これら一連の政策転換は、家康の「平和な世をつくり徳川政権を永続させる」という経営理念は堅持しつつ、新たな危機に対応するため具体策は変えていくというものだった。これを主導したのは、四代将軍となった家綱の後見役、保科正之だ。

保科正之はこの時代のキーマンだ。本章のテーマに深く関わる人物なので、生い立ちも含め少し詳しく見てみよう。

正之は二代・秀忠の四男で、家光とは異母兄弟だ。秀忠が自分の乳母の侍女（異説あり）だったお静（または志津）を気に入り、慶長一六年（一六一一）に正之が生まれた（幼名は幸松）。だが、お静と幸松の存在は徹底的に秘匿された。知っているのは秀忠の側近数人だけだったという。秀忠の正室・お江の方の嫉妬を恐れてのこととされている。

お静は妊娠中、江戸城下や郊外を隠れるように転々とし、その頃、大宮の氷川神社に安産祈願をしている。その時に納めた文書には「このほとりに忍ぶ」「御胤を身ごもりながら住所にさ迷う」と苦境にあることの不安、「安産守護し給い」「二人とも生を全うし」などの願いが切々とつづられている。

そして江戸神田白銀町の実家の縁戚の家で無事に出産した。だが生まれても苦難は続く。幸松は三歳の頃、お江の方の詮索を避けるため、見性院という尼僧に預けられた。

見性院は武田信玄の次女。夫は信玄の重臣から家康方に転じた穴山信君（梅雪）だったが、信君は本能寺の変の直後の家康伊賀越えの際に落ち武者狩りに遭い命を落とした。そのため未亡人となった見性院は家康に庇護されていた。

その見性院の下で幸松は養育されたが、見性院は幸松をしかるべき大名家の養子に出したほうがよいと判断し、信濃高遠藩二万五〇〇〇石の藩主・保科正光に白羽の矢を立てた。保科家はもともと武田家の重臣であり、正光は武勇に優れ人格者として評判が高かったので、それを見込んだのだろう。

正光は、幸松が将軍・秀忠の隠し子と知ったうえで受け入れ、幸松は七歳で保科家の養子となった。やがて二一歳で養父・正光の後を継いで高遠藩主となり、名を正之と改めた。このような正之の人生を見ると、内容は全く異なるが、家康の苦難の前半生と何やら似ているような気がしてくる。

大名になった正之だったが、実父・秀忠との親子の対面はかなわないまま（将軍と大名としての顔合わせの機会はあったと思われるが）秀忠は死去した。家光はふとしたきっかけで高遠藩主が異母弟であることを知り、それ以来、正之を大いに信頼し、幕政にも参画させるようになった。そして高遠から山形藩二〇万石へ、さらに会津藩二三万石へと出世させていった。

家光が正之を厚遇したのは、弟という理由だけではなかった。家光は同母弟の忠長を切腹させており、むしろ弟は警戒すべき存在でもあったのだ。したがって、そこは正之の人柄や能力を評価したものと解釈できる。正之も家光を助け、事実上のナンバー2として力を発揮した。やがて死の床に伏した家光は正之を枕元に呼び「幼い家綱を頼む」と言い残した。

正之は家光の遺言を守り、幼い将軍・家綱の後見役となる。「幕政参与」に就任し、松平信綱ら老中を取りまとめて幕政を指導していった。前述の一連の政策転換はその中で打ち出したものだ。こうして正之は幕府始まって以来の政治的危機を乗り切った。

3　未曾有の大災害、明暦の大火

江戸市街の六〇%を焼き尽くす

ところが、危機はこれで終わりではなかった。今度は未曾有の災害が起きたのである。明暦の大火（または振袖火事）だ。

明暦三年（一六五七）一月一八日の昼過ぎ、本郷から出火した火の手は北西の風にあおられて湯島、駿河台、神田、日本橋へと瞬く間に広がった。一部は隅田川を超えて現在の墨田区の一画も焼き払い、さらには海を隔てた佃島、石川島まで飛び火した。この日の火災は約一二時間にわたって燃え続け、夜中になってようやく鎮火した。

だが翌一九日の朝、今度は小石川から出火し、市ヶ谷、番町から現在の丸の内、銀座、新橋まで焼き尽くした。江戸城にも燃え移り、本丸、二の丸、三の丸が焼失した。家光が築いた天守閣（寛永度天守）もあえなく燃え落ちた。無事だったのは西の丸だけで、将軍も本丸から西の丸に避難を余儀なくされた。だが西の丸にも火の粉が飛んでくるようになったため、一時は城外への避難が検討されたほどだった。

さらにその日の夜、麹町から新たな出火があり、火は芝浦まで燃え進んだ末、二〇日朝になってようやくおさまった。

この三件の大火災が重なり、江戸史上最大の火事となった。被害状況については諸説あるが、現在の千代田区と中央区のほぼ全域、文京区の約六〇%、台東区、新宿区、港区、江東区のうち千代田区に隣接する地域一帯が焼失した。これは当時の江戸市街地の約六〇%に当たる。

焼失した大名屋敷は一六〇、旗本屋敷約八一〇、町屋は八〇〇町余、神社仏閣三〇〇余に及んだ。死者は一〇万人以上に達したとの記録もある（以上、内閣府中央防災会議・災害教訓の継承に関する専門調査会「1657明暦の江戸大火報告書」二〇〇四年）。

死者数については、三万七〇〇〇人と記述した書物もあり、定かではない。ただ、当時の江戸の人口が四〇~五〇万人前後と推計されるので、死者の割合は多くて二五%程度、少なく見積もっても七~九%程度になる。被災地域内に限ればその割合はもっと高くなるだろうから、いかに悲惨であったかがわかる。

被災者救済へ給付金

鎮火後、幕府はただちに被害の把握と被災者救援に動き出した。内藤氏など四大名に命じ、一月二一日から府内の六カ所に仮小屋を設置して粥の炊き出しを開始した。当初は二九日までの予定だったが、二月二日まで延長、さらに二月一二日まで続けられた。粥のために放出した米は一日で一〇〇〇俵、全期間で合計六〇〇〇石に達したという。

幕府はこれらの救済策とともに、資金援助に踏み切った。被災した大名には銀一〇〇貫目以上を一〇年返済で貸し付け、旗本と御家人には拝領金の支給、さらに家を焼け出された町民にも救済金を支給した。

町民への支給金は総額一六万両にのぼった。江戸城の御金蔵も火事で焼失してしまったため、救済資金は大坂や駿府から急いで搬送されたという。

幕閣の間から「ご金蔵がカラになってしまう」と救済金支給に反対する声が上がったが、正之は「幕府の貯蓄はこういう時に使って民衆を安堵させるためのもの。いま使わなければ、貯蓄がないのと同然だ」と一喝したと伝えられている。

物価の安定も急務だった。江戸の米価が高騰したため、一月二一日には米価の上限を七斗（約一〇五キログラム）金一両と決め、それより高値で売ってはならないと通達した。続いて二四日、八丁堀で米の安売りを行った。値段は八斗（約一二〇キログラム）金一両としたため、町民が殺到したという。

さらに正之は一つの〝奇策〟を打ち出した。江戸にいる諸大名に帰国命令を出し、国許にいる大名には参勤交代で江戸に来る必要なしと通知したのだ。参勤交代で江戸にやってくる各藩大名と家臣は膨大な人数にのぼる。それを減らすことによって、米の需給を緩和し値上がりを抑えることが狙いだった。当時の価値感から言えば「江戸の一大事」と各大名がこぞって江戸に駆けつけてもおかしくなかったが、正之の考えは逆だった。既存の常識にとらわれない柔軟な発想の持ち主であったようだ。

都市大改造で江戸復興

緊急対応の次は、江戸の復興だ。幕府は単なる復旧ではなく、防災に強い都市に改造する方針を打ち出した。ここで驚くのは、都市改造の基礎資料として実測に基づく絵図の作成を、鎮火からわずか七日後の一月二七日から開始したことだ（前掲資料「1657明暦の江戸大火報告書」）。今、「緊急対応の次は……」と書いたばかりだが、「次」というより、「同時並行」だ。

復興事業はまず、大名屋敷の移動から始められた。江戸城内にあった御三家の屋敷を城外（尾張家と紀伊家は麴町、水戸家は小石川へ）に出し、その跡地は馬場や薬草園などにした。同じく城内に屋敷を持っていた一部有力大名も城周辺に移転させ、城周辺にあった他の大名・旗本屋敷はさらにその外側へと、玉突き式に移転させた。延焼防止と避難用の空間確保が狙いで、かつてない大名屋敷の大移動となった。

これに合わせて、城郭内にあった多くの寺社も浅草や芝など周辺部に移転させ、門前の町屋も移転させた。たとえば、水道橋にあった吉祥寺は駒込へ移転、門前町の町人の多くは武蔵野に移住して新田を開墾した（これが現在の武蔵野市吉祥寺の由来となった）。

数多くの寺社や町屋の移転先を確保するため、赤坂溜池などの沼地や海岸部などを埋め立てて新たな市街地も造成した。隅田川に初めて両国橋を架け、川を渡った先の本所や深川なども開発して大名屋敷や町屋の用地とした。それまでの隅田川には江戸防衛の観点から、千住大橋より下流には橋が架けられておらず、大火の際に多くの人が逃げ場を失い命を落とす事態となった。このため防災強化には橋が必要と決断したのだった。

新規開発は周辺の農村部にも及び、江戸の市街地は一段と拡大することとなる。家康時代以来の人口増加に対応するには、市街地拡大が必要な段階でもあった。実はそこには、家康以来の都市づくりの考え方からの転換という重要な点が含まれている。

両国橋の架橋がその一例だ。江戸防衛を町づくりの基本として橋を架けないという従来の政策を転換して、防災を優先させることにしたのだ。

同様の考え方から、延焼防止のため主要道路を拡幅し、各地に火除けのための空き地や土手、広小路をつくった。今も地名に残る上野広小路は、この時につくられたものだ。江戸防衛のためには道路が狭く入り組んでいたほうがよいが、防災優先に切り替えた。

こうした政策転換は、江戸城の再建にも表れている。

前述のように、江戸城は西の丸以外はすべて焼失してしまったため、幕府は各大名に普請を命じ、本丸御殿、二の丸、三の丸を再建し、天守台も造成した。だがここまで工事が進んだところで、正之が待ったをかけた。「天守閣は城の守りに必要というよりも遠くを見るだけのものになっており、このような時に再建にカネを費やすべきでない」というのが理由だった。「庶民の迷惑になる」とまで言ったという話が残っている。

天守閣は、家康から家光までの三代がそのたびに建て直してきたように権力と権威を示す象徴だ。だが正之はそれより復興を優先したのである。江戸城の天守閣はその後も再建されることはなかった。天守台だけが、現在の皇居東御苑の一角に残っている。

危機を乗り越え、経済成長を持続

以上のように、幕府は正之を中心に被災者救済と江戸復興事業を進め、江戸の各所では、江戸城の再建をはじめ、都市改造のための大規模な土木工事、大名屋敷や町民の住居などの建築工事が至る所で行われ、江戸初期に続く第二の建設ラッシュが起きた。

復興は比較的短期間で達成され、江戸の市街地はさらに広がっていった。以前は二里四方と言われていた江戸の町は四里四方と言われ、「大江戸八百八町」と呼ばれるようになった。

「八百八町」は町数の多さを形容した表現なのだが、それほどに江戸の町が短期間で拡大したことを示している。

やがて元禄年間（一六八八〜一七〇四）に入ると、隅田川には両国橋に続いて新大橋と永代橋も架けられ、隅田川東側の本所・深川などの都市化も急速に進んだ。

江戸の人口も復興が進むにつれて急速に増加し、元禄年間には一〇〇万人前後に達したと推計されている。大火の頃から約二倍に増えたことになる。復興と発展の目覚ましさには驚かされる。

こうしてみると幕府の民生安定と防災都市への大改造を基本に据えた政策は、大筋において的確だったと評価できる。それは、先に見た文治政治への転換とも軌を一にするものだった。そのことが、未曾有の大災害という危機を乗り越える原動力になったことは間違いない。現代におけるさまざまな災害復興について貴重な教訓を残していると言える。

また江戸の商人や町人たちも、明暦の大火で被災し大きな痛手を受けたものの、復興のために立ち上がっていった。そうしたバイタリティーが「火事と喧嘩は江戸の華」と言い放って苦難を乗り越える力になったのだと言える。

こうして未曾有の災害からの復興を果たした江戸時代の経済は、家綱の治政下で再び成長軌道に乗り、やがて元禄時代の隆盛を迎えることとなる。

第三章　〝元禄バブル〟の実相

1　綱吉の文治政治

「悪政」のイメージが強い綱吉だが……

明暦の大火（明暦三年・一六五七）の翌年、元号は万治に改元され、その後、寛文、延宝、天和、貞享を経て、一六八八年に元禄となる。江戸時代で最も経済的に繁栄した時期となり、華やかな元禄文化が開花する。元号としての元禄は一六年間（一六八八～一七〇四）だが、「元禄時代」や「元禄文化」などの表現は、その前後を含めた五代将軍・綱吉の在任二九年間（延宝八年・一六八〇～宝永六年・一七〇九）を指す場合が多い。

綱吉と言えば生類憐みの令で〝悪政〟のイメージが強いが、それを以て綱吉時代を切り捨ててしまっては、元禄時代の繁栄の背景を見逃すことになる。生類憐みの令は「文治政治の徹底」という綱吉の明確な政治方針に基づくものだった。その政治方針が経済的な繁栄ももたらす要因となったのである。

文治政治への転換そのものは前章で見たとおり、家綱の時代に実行されたが、二つの問題点があった。

一つは、将軍の権威が低下したことだ。

家綱は幼くして将軍となったため、保科正之の後見の下、幕政は松平信綱ら老中の合議制によって運営された。ただ家綱は成人後も病弱だったこともあり、リーダーシップを発揮することが少なかった。老中などがお伺いを立てると、いつも「さようせい」と答えていたことから、陰で「さようせい様」と渾名されていたという。

そんな中、正之や信綱らの引退・死去後に実権を握ったのが、大老・酒井忠清で、「下馬将軍」と渾名されるほど権勢を誇った。家綱の晩年には、京都の宮家から次期将軍を迎えようとしたほどだ（否定する説もあり）。

もう一つの問題は、文治政治への転換は幕政レベルでは進んだものの、社会全体にはなかなか浸透していなかったことだ。

武士の間には戦国の気風を懐かしがる雰囲気が残っており、些細なことから喧嘩や殺傷事件が起きたり、辻斬りもしばしばあったという。旗本奴と呼ばれる旗本が徒党を組んで江戸市中を闊歩し乱暴狼藉の限りを尽くしたのもその頃で、旗本・水野十郎左衛門と町奴・幡随院長兵衛の喧嘩は有名だ。

そこで綱吉は将軍就任早々、将軍親政の復活と文治政治の徹底をめざし、新たな政策を打ち出した。まず自分を外そうとした酒井忠清を解任し、酒井案に反対して自分を将軍に推した堀田正俊を大老に任命した。併せて、以前からの側近・牧野成貞を側用人にした。これが側用人の始まりとされている。

いずれも論功行賞の側面もあるが、要は人事権を明確にし「将軍主導の政治」を宣言したものだ。

「文治政治の徹底」が生んだ経済効果

続いて文治政治徹底の第一弾として、武家諸法度の全面改定に踏み切った。

武家法度は大坂夏の陣の後に家康・秀忠が発令した後、家光と家綱はそれを踏襲し、改定は字句修正など部分的なものにとどまっていた。

だが綱吉は全面的に改定した。中でも注目されるのは第一条で、従来の「文武弓馬の道、専ら相嗜《たしな》むべき事」から「文武忠孝を励まし礼儀を正しくする事」に変更したことだ。ここに、武断政治からの完全決別と文治政治の徹底という強い決意が表れている。

この「文」の基本に置いたのが儒教だ。若い頃から儒教を学んでいた綱吉は、政治の中でその教えを実践しようとした。儒教の学問所として湯島の聖堂を建設したことはよく知られている。

また母・桂昌院の願いにより護国寺を建立したのをはじめ、将軍家の菩提寺である増上寺や寛永寺、家康を祀る日光東照宮・久能山東照宮の修築など、「孝」を自ら実践するとともに、それを通じて将軍家への「忠」を促した。

東京大学名誉教授・藤田覚氏によれば、元禄六年（一六九三）または七年の幕府財政の支出総額一二七万四六〇〇両余りのうち、寺社の普請費用などを示す「作事方」の支出は二六万八五〇〇両に達し、一〇年前の六倍に膨れ上がっている（同氏『勘定奉行の江戸時代』）。一両＝一〇万円として現代の貨幣価値に換算すると、二六八億円余りにのぼる。

また、幕府財政を長年研究してきた東洋大学名誉教授の大野瑞男氏は、『徳川実紀』の記事を丹念に抽出した結果、綱吉在任期間中（二九年間）の寺社修復が一〇六件にのぼることを明らかにし、「元禄期は他の時期にも増して普請作事が盛んに行われ、その費用が幕府財政支出の中に大きな比重を占めるに至った」と指摘している（同氏『江戸幕府財政史論』）。

綱吉の度重なる寺社造営はまさに文治政治徹底の重要な柱となったわけだが、それは多大な建設需要を生み出し、その経済効果は大きかった（ただし、これが幕府財政悪化の一因となるのだが、それについては後述する）。

生類憐みの令の真の狙い

生類憐みの令も文治政治の一環だった。それ以上に、切り札だったと言える。

同令は一つの法律ではなく、生類を憐れむことを目的としてその都度発令された多数の法令の総称だ。犬だけではなく、牛、馬、猫、鳥類、魚など動物全般を対象としている。

さらに動物だけではなく、捨て子の禁止、病人や高齢者の保護なども含まれていた。実は当時、捨て子が多かった。そのため「貧乏で養育できない場合は代官や町奉行に申し出よ」「借家人の妊産婦と三歳以下の子どもの存在について、大家は把握すること」などのお触れが何度も出されている。

また旅の途中で病に倒れる人も多く、そのまま見捨てられることがしばしばだったが、そうした人々も保護するようにと命じている。

このように生類憐みの令は、動物や人の命を軽んじるような風潮を一掃するため、人々の意識革命を狙ったものだったのだ。

綱吉は命令や指示を出すたびに、「生類や人々への慈悲の心が重要」「志が大事で、形式だけ整えるやり方は不届きだ」と繰り返し説いている。

一般的には、生類憐みの令は庶民を苦しめた「悪法」とのイメージが強い。たしかに同法によって多くの人が処罰を受け、庶民の不満が高まったことは失政だったが、社会全体に平和主義的な空気、命を大事にする風潮が次第に醸成されるようになったのは事実だ。

2 〝エドノミクス〟の進化が生んだ元禄経済

「第一の矢」の進化〜百万都市・江戸の消費市場拡大

元禄時代に経済が繁栄したのは、こうした社会的な変化も背景の一つとなっているのである。ここで、元禄経済の隆盛ぶりを見ておこう。

第一章で、〝エドノミクス〟が、①江戸の都市づくりによる発展②地方都市の発展③交通網と流通の発達④新田開発と農業生産増加⑤財政・金融政策――の「五本の矢」で構成されていたことを説明した。このうち①〜④の四本は、元禄時代を迎えた頃には一層の発展・進化を遂げていた。

まず、「第一の矢」＝江戸の発展は目覚ましく、巨大な消費市場を生み出した。人口増加による消費拡大だけでなく、消費の質も変化した。庶民の生活水準が向上したことで新たな需要が生まれたのである。

たとえば、衣服。富裕層の間では絹織物の着物が主流だったが、一般の武士や庶民の衣服は麻に代わって木綿が主流となった。現在の着物の原型となる小袖をはじめ、羽織、浴衣などが普及し、さまざまな色や柄が流行した。歌舞伎が盛んになり、人気役者の衣装をまねたファッションも広がった。

草履の鼻緒に高価な素材を使ったり、下駄を漆塗り加工にするなど、履物にも多様化・高級化が進んだ。

傘が普及したのもこの頃で、番傘、蛇の目傘などさまざまな種類がつくられた。歌舞伎の小道具に使われたり、浮世絵にも描かれた。後述するが、三井高利が創業した越後屋呉服店は客に傘を貸すサービスを始め、話題を呼んだ。

商人の妻たちが財力にまかせて衣装の豪華さを競う「伊達くらべ」が流行ったりもした。こんなエピソードが残っている。

綱吉が上野寛永寺に参詣に出かけた時、行列が町屋の前を通りかかると、石川六兵衛という商人の妻がきらびやかな着物を身にまとい、これまた美しく着飾った八人の侍女を従え金屛風の前に立っていた。美しい香炉で高価な伽羅の香を焚かせ、金の扇子を仰いで香の匂いを将軍の駕籠まで届かせたという。

綱吉は怒り、六兵衛一家を闕所処分《けつしょしょぶん》（財産没収のうえ追放）としたが、それほど伊達くらべが盛んだったのだ。幕府は「奢侈《しゃし》禁止令」をたびたび発したが、その効果はあまりなかったという。

「第一〜第三の矢」が連動し、経済の好循環を生む

このようなバブリーな現象も起きたが、江戸市民の消費需要は旺盛だった。この「第一の矢」の効果は、「第二の矢」（地方都市の発展）と「第三の矢」（交通網と流通の発達）も進化させる効果を発揮した。今風に言えば「経済の好循環」である。

その構図は、大坂を軸にして見るとわかりやすい。

「天下の台所」と言われた大坂では、中之島周辺に西日本の大名の蔵屋敷が約一〇〇棟も立ち並び、領地から年貢米を運び込んでいた。江戸初期以来の新田開発によって大坂に集まる米も増えていった。

それらの米を取引する私設の市場（米市）が立つようになり、大いににぎわった。大坂の豪商、淀屋が北浜で始めたと言われている。米市では米の現物を売買するのではなく、手形による取引が行われたが、業者は手形を第三者に転売して利益を得るケースが多かったという。

一方、蔵屋敷側は米の実際の在庫量以上の手形を発行したり、米がないにもかかわらず手形を発行することもあったようだ。将来の収入を担保にした資金の前借りである。米市は金融市場としての機能も持つようになったのだった。

やがて米の手形は米切手と呼ばれ、元禄の頃には帳合米商《ちょうあいまいあきな》いと呼ばれる一種の先物取引が行われるようになった。今日の先物取引の先駆けである。淀屋をはじめ、進取の気性に富んだ大坂の新興商人や豪商がコメビジネスに参入し、それが大坂経済を一段と発展させていく役割を果たした。

大坂には米だけでなく、大豆・塩・木材・木綿などの生活必需品や菜種・鉄・銅など加工品の原料が全国から集まってきていた。これらは大坂で衣類や菜種油、鍋などの製品に加工され、江戸をはじめ各地に供給されるという関係が形成されていった。

海運の発達～西廻り航路で栄えた酒田

ここで重要性が高まったのが物流網、特に海運の整備だ。第一章で見たとおり、大坂から江戸を結ぶ菱垣廻船が元和年間から就航していたが、寛文一一年（一六七一）に東廻り航路、翌年に西廻り航路が開設された。

東廻り航路は陸奥国荒浜（現・宮城県亘理町《わたり》）から本州沿いに南下し房総半島を回って江

戸に入るコースで、後に航路は北上して青森を経由し出羽国酒田まで伸びた。西廻り航路は酒田から日本海に沿って南と西へ進み、下関を回って瀬戸内海経由で大坂に至る。

両航路とも幕府が直轄地からの大量の年貢米を早く江戸と大坂に運ぶため、河村瑞賢に開かせたものだが、このうち西廻り航路を走る民間の船は北前船《きたまえぶね》と呼ばれた。

北前船の特徴は、日本海沿岸各地に寄港し、米以外にも他の物資や商品を運んだことだ。大坂で、酒・たばこ・衣服など、上方の特産品や日用品を積み込んで出発、日本海沿岸各地に寄港して積み荷を販売する一方、その土地の特産品などを買い入れて酒田に向かう。酒田から帰りの航路では庄内の米や出羽の海産物などを積み込み、また各地に寄港して買い入れと販売をしながら大坂に戻った。いわば「動く総合商社」「動くスーパーマーケット」だ。一回の航海で千両以上稼ぐことも珍しくなかったという。

北前船の経済効果で各寄港地も大いに栄え、地方の経済拠点となった。その中でも特に繁栄著しかったのが酒田だ。

西廻り航路開設から約一〇年後の天和三年（一六八三）、酒田湊に入った船は川船も含めて二五〇〇～三〇〇〇隻にのぼり、町の戸数は二七年前の約二倍に増えたという（酒田市教育委員会『酒田の歴史』）。

現在の酒田港近くの川沿いに、黒塗りの壁で統一された土蔵造りの建物が一二棟建ち並んでいる。庄内平野で収穫された米を保管する倉庫群で、山居《さんきょ》倉庫と呼ばれている。その横には日除けと風除けのためのケヤキ並木があり、散歩道になっている。川に面した一角には船着き場も残っている。明治時代に建てられたものなのだが、その美しくレトロな光景は「江戸時代もそうであっただろう」と想像させ、往年の繁栄ぶりを今に伝えている。

元禄の頃には、酒田に集まった物資を売りさばく商人、北前船などで諸国からやってきた業者たちなどで、町はにぎわいを増していった。その中から鐙屋《あぶみや》、本間家など数多くの豪商を輩出するようになる。

大坂の井原西鶴は元禄元年（一六八八）に刊行した『日本永代蔵』の中で「酒田の鐙屋という問屋は近年栄え、その名を知らぬ者はいない」と記している。酒田の繁栄は上方でも有名になっていたことがうかがえる。

一方、本間家は元禄二年、原光《もとみつ》（久四郎）が分家して「新潟屋」という看板を掲げたのが始まりで、その後の短期間で急成長を遂げ、享保年間には酒田随一の豪商となった。その財力は、日本トップクラスの豪商となっていた三井家や住友家と肩を並べるほどだったという。

こうした本間家の隆盛ぶりは「本間様には及びもせぬが、せめてなりたや殿様に」と謳われたほどだ。

農業生産の増加と商品作物の多様化

江戸や大坂、そして地方都市で盛り上がる消費需要は、農業のあり方にも変化をもたらした。〝第四の矢〟の進化である。

農村では米以外の商品作物の生産が増えていった。特に、木綿の原料としての綿花、灯火用の油をつくる菜種、多くの人の嗜好品となっていた煙草などは、多くの地域で栽培・生産され、各地に特産地が生まれていった。

また当時、江戸や大坂の町人の間では、季節の野菜や果物の「初物」を他人より一日でも早く食べることがブームとなり、これに対応して農家も初物栽培に力を入れた。

だがあまりの過熱ぶりに、幕府は「初物禁止令」を出した。たとえば、生しいたけは正月より四月まで、松茸は八月より、みかんは九月より三月まで、などと販売期間を制限している。それでもブームは収まらなかったという。

こうした元禄期前後の農業の変化について、歴史学者の大石慎三郎氏はこう指摘している。

「その土地にもっとも適合した農作物をしかもゆきとどいた肥培管理のもとに集中的に栽培して、それを全国各地に売り出すという特産的農業がはじまるのである。こうした新しい形の農業は四代将軍家綱の末年ころにはじまり、元禄〜享保期に定着する」（同氏『江戸時代』）

その栽培増加は生産増加という量的な側面だけでなく、品種改良や栽培方法など農業技術の発達など質的な変化も促した。

その一例が、金肥の普及だ。金肥とは農家がおカネを出して購入する肥料のことで、日本近海で大量に獲れた鰯《いわし》や鰊《にしん》を加工した干鰯《ほしか》、鰊粕《にしんかす》などが多く使用された。従来は、堆肥や人間の糞尿などの自給肥料が主流だったが、前述のような農作物の生産増加と多様化、さらには初物ブームなどに対応するため、安くて即効性がある金肥への需要が高まった。特に、綿花や菜種、みかんなどの栽培には欠かせない存在となった。

干鰯や鰊粕は北前船で上方などに運ばれ、大坂や堺ではその集積と流通を担う干鰯問屋が組織された。

まさに〝エドノミクス・五本の矢〟のうち四本の矢が連動しながら進化を遂げていったのだ。

3　元禄は「バブル」だったのか？

昭和と重なる元禄の経済

こうして元禄期までの経済を振り返ると、その経過は昭和時代の日本経済と似ている。昭和三九年（一九六四）、福田赳夫氏（後の首相）が「昭和元禄」と発言し話題になったことがある。当時の高度成長の途上にあった日本経済と元禄時代の経済繁栄を重ね合わせると同時に、物質至上主義や浮かれた世相を批判的に表現したのだった。

昭和の経済はその後も高度成長を続けたが、二度の石油危機に見舞われる（昭和四八年、五四年）。まさに未曾有の危機だった。危機の性格は異なるが、江戸時代の明暦の大火になぞらえると、大火から復興を果たし元禄時代を迎えたように、昭和の日本経済は石油危機をきっかけに省エネ大国となって経済発展を続け、一九八〇年代後半にはバブル経済の時代を迎えたのだった。

その意味では元禄時代は、福田氏が評した昭和の高度成長期よりもバブル時代により似ていると言える。では元禄経済は本当にバブルだったのだろうか。

たしかに、元禄時代にはバブル的な現象が見られる。前述の「伊達くらべ」などはその代表的なものだ。初物ブームも、バブル時代のボジョレーヌーボ解禁騒ぎに似ていると言えなくもない。

元禄を代表する豪商と言えば、紀伊國屋文左衛門や奈良屋茂左衛門の名が思い浮かぶ。いずれも材木商として江戸の大火や綱吉の寺社造営などで巨万の富を築き、吉原で豪遊を繰り返した。だがその後は事業で失敗するなどで没落した。まさに「バブルに踊った」という言葉が当てはまる。

しかしすべてがバブルだったわけではない。現代でもバブルか否かの見極めは簡単ではない。ましてや正確な統計もほとんどなかった江戸時代のこと、バブルか否かの厳密な議論は困難である。それを踏まえたうえであえて言うなら、元禄期の経済繁栄には前述のように〝エドノミクス〟の進化と経済の好循環という「しっかりとした実態」があったことも確かである。

付け加えるなら、さまざまなサービスや外食が産業として成り立つようになり、瓦版や書物の出版など情報産業が生まれた。歌舞伎や見世物などのエンターテインメントが産業として発展したのもこの頃だ。江戸初期以来の経済発展が新たなステージに入ったと言ってもいいだろう。

新しい需要をとらえた三井高利

経済繁栄の基盤となった「しっかりとした実態」は、元禄期に堅実経営で実績を残した多くの商人の姿にも表れている。その代表格が三井高利だ。

綱吉が将軍となる七年前の延宝元年（一六七三）、高利は江戸・日本橋の本町一丁目（現在の日銀本店付近）に呉服店を開業した。「三井越後屋呉服店」である。間口わずか九尺（約二・七メートル）の小さな店だった。

本町は江戸城に通ずる目抜き通りで、呉服の大店《おおだな》が立ち並んでいた。当時の呉服店の商売は、得意先に見本だけを持って行って注文を取る「見世物売り」や、顧客の屋敷に商品を持参する「屋敷売り」が一般的で、支払いは盆・暮れの掛け売りだった。

だが新参の小さな店が、先発の大手と同じ商売をしていては太刀打ちできない。そこで高利は、商品に正札（定価）を付けて現金で店頭販売する「店前売り《たなさき》」「現金掛け値なし」という新しい商法を打ち出した。一反単位の販売という常識も覆し、客の注文に応じて「切り売り」も始めた。

これは単に新商法という次元にとどまらず、当時の江戸の経済発展と市場ニーズの変化を見抜いた戦略だった。それまでの呉服業は大名・上級武士や一部富裕層を相手にしたものだったが、一般庶民の生活水準の向上と消費の活発化という新しい動きを察知し、「所得の増えた町人の間にも呉服への需要が高まる」と考えたのだ。

実際、現金取引により手元資金が潤沢となり、その資金を使って京都で西陣織などの高級品を安く大量に仕入れることが可能となった。掛け売りで生じる貸し倒れリスクや金利負担も軽減できた。こうして呉服を安く売ることができ、客層の拡大に成功したのだった。今で言う差別化戦略である。

三井の新商法はたちまち大評判となり、店は大いに繁盛した。さらに、越後屋の暖簾《のれん》印の入った番傘を来店客に貸し出すサービスも始めた。雨が降り出すと、この傘とともに「越後屋」の名前が町中にあふれるという仕掛けだ。顧客サービスとPRを兼ね備えたアイデアだった。

「江戸中を　越後屋にして　虹がふき」という川柳が残っている。

ところが三井の新商法と大躍進は、既存の大手呉服屋の激しい反発を買うこととなる。京都の織物業者に圧力をかけて仕入れを邪魔されたり、店先に糞尿をまかれるなど、さまざまな妨害を受けた。

そこで、隣町の駿河町（現・日本橋室町）で売りに出されていた屋敷をひそかに買い取り、天和三年（一六八三）に移転し新店舗をオープンさせた。現在の日本橋三越本店の場所である。新店舗が開業すると、さっそく多くの客が詰めかけて大群衆になったという。

危機を乗り越えた高利は新商法＝差別化戦略をますます徹底した。移転と同時に両替業務も開始し、二年後には北側の隣接地に両替店を独立させた。現在の三井本館の場所だ。こうして呉服業と両替業を車の両輪にして、事業拡大に一段と拍車がかかっていく。

元禄元年（一六八八）には将軍の衣服を扱う「元方御用」、二年後には幕府の公金を扱う「幕府御為替御用」に任ぜられた。もはや押しも押されぬ江戸随一の豪商となったのだった。

高利は元禄七年に亡くなったが、その数カ月前にしたためた遺言状によると、遺産は約七万二〇〇〇両余りに達したと推計されている。これは同年の幕府財政の歳入の約六％に当たる金額だ（公益財団法人三井文庫編『史料が語る三井のあゆみ』）。

高利の死後は息子たちが事業を継承し、さらに発展させた。呉服事業が後の三越百貨店（現・三越伊勢丹ホールディングス）、両替事業が三井銀行（現・三井住友フィナンシャルグループ）となったことは周知のとおりである。

松坂商人の企業家精神と堅実経営

高利の成功には、松坂商人らしさも表れている。

伊勢・松坂で酒などを扱う商家の八人兄弟の末っ子として生まれた高利は、一四歳で江戸に出て、長兄が営む呉服店に修業に入った。すると商才を発揮して成績を上げていったが、二八歳の時、長兄の意向で松坂に帰されてしまった。

長兄が高利の才能に嫉妬したためらしいが、江戸進出も禁じられた高利はそれから二四年もの間、五二歳になるまで松坂で家業に専念し、忍従の時期を送ることになる。

だが松坂は伊勢神宮への参詣客が行き交う交通の要衝であり、情報が集まる土地柄だった。そこで地道に商売に励みながら、経済情勢や消費動向の変化を把握するアンテナを磨き続けた。逆境にあっても腐らず、次の成長に向けた「投資」を怠らなかったのである。その努力が江戸出店によって花開いたわけだ。

長兄の死によって、高利は満を持して江戸進出を果たした。続いて、京都、大坂にも店を出したが、各店の日常の経営は息子たちに任せ、高利自身は松坂にいて采配を振るっていた（後に京都を本拠とした）。江戸、京都、大坂の三都と松坂をつなぐ情報ネットワークを構築し、ビジネスを拡大していったのである。

元禄期の前後には、多くの松坂商人や伊勢商人が続々と江戸に進出し、日本橋や大伝馬町などで店を構えた。そのいずれもが繁昌し、江戸時代の長者番付では常に多くの伊勢商人が上位にランクインするほど隆盛をきわめた。

その中には、三越と同じように現在まで続いている企業も多い。代表的なところでは、紙問屋の小津清左衛門店（江戸創業承応二年・一六五三、現・小津産業）、鰹節販売のにんべん（同元禄一二年・一六九九）、醬油醸造の大國屋（同正徳二年・一七一二、現・国分グループ本社）などが挙げられる。

このうち小津清左衛門店は、日常生活で紙を使う場面が増えたことや出版物の増加などで

【図表3】元禄期頃までの創業で現在まで続く主な会社

現在の会社名	創業年（または江戸出店）	業種（カッコ内は創業時の業種）	創業地（または出身地）
松井建設	1586	建設	越中・高岡
住友金属鉱山	1590	非鉄金属（銅精錬）	京都
綿半HD	1598	小売り（綿屋）	信濃・飯田
養命酒製造	1600頃	食品	信濃・伊奈
竹中工務店（＊）	1610	建設	名古屋
J.フロントリテイリング	1611	小売り（呉服店）	名古屋
西川（＊）	1615	寝具（蚊帳・畳表販売）	近江
小津産業	1653	卸売（紙問屋）	伊勢・松坂
大木ヘルスケアHD	1658	卸売（滋養強壮薬販売）	近江
キッコーマン	1661	食品（醤油醸造）	下総・野田
ユアサ商事	1666	卸売（木炭商）	京都
岡谷鋼機	1669	卸売（金物商）	名古屋
三越伊勢丹HD	1673	小売り（呉服店）	伊勢・松坂
にんべん（＊）	1699	食品（鰹節問屋）	伊勢・松坂
国分グループ本社（＊）	1712	食品（醤油醸造）	伊勢・松坂

注：HDはホールディングスの略。（＊）は非上場。
出所：各種資料をもとに筆者作成。

紙の需要が拡大していたことに着目してビジネスを成功させた。にんべん、大國屋などは食生活の多様化を背景に事業を成長させた。経済構造や市場ニーズの変化を敏感にとらえて企業家精神を発揮していたのである。

と同時に、彼らは地に足をつけた堅実さも持ち合わせていた。

当時の松坂商人は、松坂本家と江戸各店の間で数日ごとにお互いに書状を発送して江戸の状況などさまざまな情報連絡や経営上の指示などをしていた。そのうえで各店ごとに独立採算制をとり、現在の財務諸表とほぼ同様の帳簿を作成していた。半年ごとに各店は決算書を松坂の本家に送って当主がチェックしていたという（松阪の郷土史家・大喜多甫文氏による『伊勢商人と江戸店』）。

このような松坂本店と江戸各店の関係は、現在の企業における持ち株会社（ホールディングカンパニー）と傘下の各事業会社に似ていると言える。三井家も高利の死後、長男の高平《たかひら》は三井家の各店舗・事業を統括する「大元方《おおもとかた》」という組織を設置した。いわば、コーポレートガバナンスの体制だ。

前掲書『史料が語る三井のあゆみ』は、高利が残した言葉を記している。その中から、いくつかを紹介しよう。

「商いの道では、どんなことでも、新しい方法を工夫すべきである」

「一度に大もうけした商人は没落も早い。苦労し骨を折った商人こそ、子孫が長く繁栄するものだ」

「客を利することが長期的な利益になる」

これらの精神は、令和の企業経営にも生かせる貴重な教えと言える。

4　幕府の財政悪化と貨幣改鋳

金の含有率を落とした元禄小判

こうしてかつてないほどの繁栄を見せた元禄経済だったが、その陰で〝エドノミクス・第五の矢〟が大きな問題に直面していた。財政悪化である。

幕府財政は四〇〇万石以上の直轄地（天領）からの、「四公六民」を基本とする年貢収入が主な収入源となっていた。加えて、佐渡金山や石見《いわみ》銀山など全国の鉱山を直営とし、かつての幕府財政は潤沢だった。

だが家光の時代になると、日光東照宮の造営と一一回に及ぶ日光参詣、島原の乱鎮圧の戦費、家綱時代には明暦の大火の復興事業と都市改造などで、幕府財政はみるみる悪化。一方で各鉱山の金銀採掘量は技術的限界や資源の枯渇によって年々減少していた。

このような状況の中で綱吉が将軍となったわけだが、前述のように度重なる寺社造営は経済効果を生む一方、幕府財政をますます悪化させることになった。

そこで登場したのが、荻原重秀である。

幕府の財政を司る勘定所の役人だった重秀は、綱吉によって勘定吟味役（勘定奉行の補佐役兼勘定所のお目付け役・勘定所のナンバー2）に抜擢され、会計監査や代官の粛正などに辣腕をふるった。続いて佐渡奉行を兼務し、佐渡金山の経営立て直しにも貢献した。

こうして勘定所の実力者となっていた重秀は元禄八年（一六九五）、貨幣改鋳を綱吉に上申し、実行に移した。これには二つの目的があった。

その第一の目的は財政再建だ。

貨幣改鋳は、既存の慶長小判一枚（一両）より金の含有率を大幅に落とした新貨幣（元禄

【図表4】元禄の改鋳～慶長金と元禄金の概要

	量目（重量）	金含有率	金含有量	鋳造量（両）
慶長金（小判・一分判）	4.76匁	86.79%	4.13匁	14,727,055
元禄金（小判・一分判）	4.76匁	57.36%	2.73匁	13,936,220

注：1匁＝3.75グラム。

出所：滝沢武雄「近世貨幣表」『日本歴史大事典４』305頁による。

小判・一両）を鋳造したことが特徴だ。慶長小判は重さ四・七六匁（一七・八五グラム）のうち金が約四・一三匁（一五・四九グラム）、含有率が八六・七九％ときわめて高かったのに対し、元禄小判は同じ重さのうち金は約二・七三匁（一〇・二四グラム）、含有率を五七・三六％へと、約三分の二に減らした。

幕府はこの新旧両小判を等価交換し、当初はこれに一％の増歩《ましふ》（プレミアム）をつけた。たとえば慶長小判一〇〇両につき元禄小判一〇〇両プラス一両（合計一〇一両）と交換する場合、これを金の価値で見れば、一五四九グラムの金を回収して一〇三四グラム（約一〇二四グラム＋一〇グラム）の金を供給することになり、その差の約五一五グラム分、つまり新小判一〇〇両につき約五〇両は幕府の利益となる。実際、改鋳による差益は五〇〇万両に達したという（銀貨の分も含む）。当時これは「出目《でめ》」と呼ばれた。そのおかげで幕府財政は一時的に好転した。

貨幣流通量の増加を狙う～量的金融緩和、リフレ政策の原型

もう一つの目的は、貨幣流通量を増加させることだった。

経済発展によって貨幣への需要が高まっていたが、金や銀の産出量が減少していたため、貨幣が不足する状況となっていた。そこで金含有率を減らした貨幣を発行し、市中に流通する貨幣の量を増やそうとしたのだ。

公益財団法人徳川黎明会・徳川林政史研究所長の深井雅海氏によると、元禄改鋳によって新たに流通した元禄金は一三四一万両余り、元禄銀は三二万六〇〇〇貫目にのぼったという。それまでの慶長金銀の国内流通高に比べ金貨で一・三倍、銀貨で二倍強になるとしている（同氏『綱吉と吉宗』）。

これを現代になぞらえると、日銀が通貨供給量を増やして景気活性化を図る量的金融緩和であり、デフレから抜け出して緩やかなインフレをめざすリフレーション政策の原型とも言える。

実は、重秀の考え方は当時の「貨幣の価値＝金や銀の価値」という常識を打ち破るものだった。

現代の我々は単なる紙切れの紙幣に一〇〇〇円や一万円という価値を当然のように認めている。国という信用の裏付けがあるからだ。このような貨幣を「名目貨幣」という。だが当時はそのような考えはなく、貨幣には金や銀という価値による信用の裏付けが必要だった。これを「実物貨幣」という。

かつては実物貨幣が世界に共通する常識だった。古くはローマ帝国時代から金や銀の含有率を落とす貨幣改鋳が行われてきたが、いずれも金や銀の価値という概念からは離れられなかった。

近代になってからは、貨幣そのものは紙幣などに代わっていったが、それでも主要各国が採用した金本位制では、自国の貨幣価値を金に紐づけさせていた。第二次世界大戦後に発足したブレトンウッズ体制でも、米国ドルを金価格にリンクさせ（一オンス＝三五米ドル）、それに各国の通貨とドルの交換レートを固定させる形で（例えば、一ドル＝三六〇円など）、間接的に金の裏付けを持たせていた。

貨幣の価値が実物の価値から完全に切り離されたのは、昭和四六年（一九七一）に米国がドルと金の交換を停止してからだ。歴史的に見れば、つい最近のことなのである。

ところが重秀は「貨幣は国家が造る所、瓦礫《がれき》を以てこれに代えるといえども、まさに行うべし。今、鋳するところの銅銭、悪薄といえどもなお、紙鈔（紙幣のこと）に勝る。これ遂行すべし」と言い放っている。

瓦礫を貨幣にするなど極論ではあるが、「実物貨幣」という概念を超越し、「名目貨幣」の本質を象徴的に言い表している。三〇〇年も前に、このような現代の貨幣理論を先取りする発想を持っていたとは驚きである。

このような重秀について、金沢大学教授の村井淳志氏は「『実物貨幣から名目貨幣へ』という貨幣観を自覚的に持ちながら、改鋳作業を指揮していた。これが、ローマ帝国以来、幾多の国々で行われた『後ろめたい』改鋳と、元禄八年の改鋳を決定的に区別する点である」と評価している（同氏『勘定奉行荻原重秀の生涯』）。

「貨幣改鋳後の物価上昇率は三％」

さて、元禄改鋳によって幕府財政は一時的ではあるが好転し、貨幣流通も増加した。重秀の政策が元禄景気を支えたと言える。

功績が認められ重秀は元禄改鋳の翌年、勘定奉行に出世した。勘定所のトップ、旗本として最高ランクに近いポストである。石高も二〇〇〇石に加増された（後に三七〇〇石まで加増）。出仕当初の俸禄が一五〇俵だった軽輩出身としては異例の出世だ。

しかし重秀の評判はすこぶる悪い。当時の価値観から見れば、貨幣の価値を落とすこと自体が「悪」だったのだ。低い身分から大出世し辣腕をふるったことへの周りの嫉妬や反発もあっただろう。それらに加え、新井白石が重秀を徹底的に批判したことが、重秀の悪いイメージを決定的にした。

白石は、綱吉亡き後の六代・家宣と七代・家継の側近として重きをなした儒学者で、自叙伝的著書『折たく柴の記』で重秀を繰り返し批判している。

「金貨・銀貨のことは、天下の災いでこれより大きいものがない」

「重秀が国家財政をつかさどって以来、武士や庶民の怨み苦しみがしきりに起こった」（以上、一部意訳を含む）

さらに白石は、重秀の人物そのものについても「天地開闢以来、これほど姦邪な小人はいまだ聞いたことがない」「荻原のような愚鬼」などと繰り返して書いている。もう、批判というより、口をきわめた罵倒である。

白石はこのような主張をまとめ、重秀解任を求める弾劾書を三度にわたり将軍・家宣に提出した。家宣は二度目までは白石の要求に応じなかったが、三度目にしてこれを受け入れ、重秀罷免に踏み切った。正徳二年（一七一二）九月、家宣が亡くなる約一カ月前のことだった。

解任後の重秀の動静ははっきりしていないが、『折たく柴の記』には「職を奪はれて、召《めし》籠《こめ》らる」、つまり監禁されたとある。そして一年後に亡くなった。死因については病死、自殺、獄死（殺害？）など諸説あり、謎のままだ。

こんな経緯もあって、重秀は自分の政策や主張についてほとんど書き残していない。批判への反論や弁明の機会も与えられないまま、悪評がいつの間にか「事実」として定着してしまったのである。
こうした重秀像はそのまま現代まで残っている。多くの歴史学者は総じて「貨幣改鋳によってインフレを引き起こし、庶民が困窮した」といった評価を下しており、教科書にもそうした記述がなされている。

【図表5】元禄期の米価（大坂）

		一石当たり銀建て、匁	
元禄6	1693	56.0	
元禄7	1694	67.2	
元禄8	1695	75.0	元禄改鋳
元禄9	1696	105.0	＊この年、冷夏
元禄10	1697	65.0	
元禄11	1698	102.5	
元禄12	1699	58.1	
元禄13	1700	58.1	
元禄14	1701	86.5	＜平均＞74.34
元禄15	1702	111.2	
元禄16	1703	92.5	
宝永1	1704	47.5	
宝永2	1705	41.0	
宝永3	1706	50.3	

出所：村井淳志『勘定奉行荻原重秀の生涯』123頁をもとに、筆者にて作成。

だが本当にそうなのだろうか。前述の村井教授によると、貨幣改鋳が行われた元禄八年（一六九五）から宝永三年（一七〇六）までの一一年間で大坂の米価は一石当たり銀建てで平均七四・三四匁で、改鋳前二五年間の平均値の一・三三倍。年平均の上昇率は三％程度にとどまっている。江戸の米価の年平均上昇率も二・七％だったという（同氏『勘定奉行荻原重秀の生涯』前掲書）。同教授は「この程度で激しい物価騰貴と言えるだろうか？」と通説に疑問を呈している。
しかも、その三％程度の物価上昇には貨幣改鋳以外の別の要因が影響していた可能性がある。

貨幣改鋳の翌年の元禄九年（一六九六）、米価が当時の最高値を記録する大幅上昇となった。だがこれは、深刻な冷夏による米の不作が原因とみられる。実際、その翌年の元禄一〇年、米価は貨幣改鋳前より低い水準に下がっている。貨幣改鋳でインフレになったのなら、一年ですぐに収まるとは考えにくいだろう。

また、豊作だった宝永元年（一七〇四）とその翌年の米価は、約三〇年ぶりの低水準まで下がっている。通説とはかなり違う実態が見えてくる。

「荻原重秀悪人説」は本当か？

重秀は元禄八年（一六九五）の貨幣改鋳後も銀貨や銅銭などの改鋳を繰り返した。その中には重秀が独断で実施したものもあり、こうした点は批判されても致し方ないところだ。それでも元禄八年の貨幣改鋳が最大規模だったことを考えれば、「貨幣改鋳＝インフレ&庶民困窮」とする図式は再検討されてしかるべきではないかと思う。

そもそも貨幣改鋳への批判には、「貨幣の品質を落とすこと自体が悪」との当時の価値観が前提になっている。当時の人々がそのように考えたのはやむを得ないとしても、現代の我々がそのような価値観をもとに重秀の貨幣改鋳を批判するのは妥当ではないだろう。

実は、元禄末期から宝永年間にかけての綱吉時代末期には、元禄一六年の元禄大地震、宝永四年(一七〇七)一〇月の宝永大地震と一一月の富士山噴火など、大規模な天災が相次いだ。これによる経済的混乱も起きており、これが元禄景気が終わる一因となった。

だが当時は、こうした天災が起きるのは為政者の不徳が原因との考え方があった。以前からの生類憐みの令に対する不満も重なって、人々の批判が綱吉や重秀に向けられたとも言える。実際、「重秀の貨幣改鋳がなければ、一連の天災は起きなかったかもしれない」などと本気で言われたりもしている。

さらに「重秀が貨幣改鋳の利益から二六万両の分け前を得た」と白石は非難しているが、村井教授は当時の幕府の記録や書物にはそうした記述がないと指摘している。白石の主張には根拠がない疑いがあるのだ。

総合的に見て、重秀への悪評は尾ひれがついて出来上がった可能性が高い。

実はこのパターンは田沼意次へのそれと似ている。意次もまた政敵・松平定信によって「悪徳政治家」とのレッテルを貼られ、悪評は現代まで残っている。新井白石や松平定信はいわば権力闘争に勝った「勝者」であり、重秀や意次は「敗者」だ。歴史を振り返るとき、「敗者」への批判についてはその点を割り引いて見る必要があることを指摘しておきたい。

この両者の対立軸は、政策の面では緊縮財政か積極財政か、デフレ志向かインフレ志向か、という今日の論点にも通ずるものでもある。この二大潮流の対立は江戸時代後半期を通じて続くが、緊縮論者が権力闘争の勝者となるケースが多かったことから、全体として経済低迷の一因となっていく。

第四章　正徳の治
――〝バブル〟崩壊でデフレ突入

1　綱吉政治の否定

生類憐みの令を即刻廃止

〝元禄バブル〟がピークを過ぎ、相次ぐ天災の影響も加わって、経済が下り坂にさしかかっていた宝永六年（一七〇九）正月、五代将軍・綱吉が死去した。

六代将軍は、綱吉の甥で甲府藩主だった家宣である。家宣とその息子の七代・家継の時代は、前の綱吉と後の吉宗の間にはさまれて一般には影が薄いが、政治的にも経済的にも大きな転換期となった。

この時代の政治は「正徳の治」と呼ばれているが、その特徴は綱吉政治からの転換だった。いや否定と言ってもよい。

それを象徴するのが生類憐みの令の廃止だ。それは、綱吉の死去からわずか一〇日後のことだった。

綱吉は生類憐みの令を継続するよう家宣に遺言したというが、家宣はあっさりと否定したわけだ。さっそく中野のお犬小屋を撤去し、同令で罪に問われていた人々を赦免した（ただし、捨て子の禁止や病人の保護などの法令は継続）。

また赤穂浪士の遺児十数人も赦免した。元禄一六年（一七〇三）に綱吉の裁断で赤穂浪士を切腹させた際、遺児のうち一五歳以上の男子は遠島などの処分を受けていた。一部は綱吉時代にすでに赦免を受けていたが、大半は処分されたままとなっていたため、すべて赦免したものだ。

赤穂事件は綱吉時代を代表する出来事だっただけに、生類憐みの令の廃止とならび政策転換を印象づけた。

人事面でも人心一新を図った。綱吉時代の側用人を更迭。同じく側用人から老中格、大老格に出世して実権を握っていた柳沢吉保も隠居させた。

新井白石を登用

その一方で、甲府藩主時代からの側近である間部詮房《まなべあきふさ》を側用人に、同じく新井白石を侍講として、新将軍を支える両脇を固めた。侍講とは、君主に仕えて学問を講義する職のことだが、白石は、将軍を補佐し政策立案に携わるなどブレーン、あるいは政治顧問のような役割を果たした。

ここで白石の経歴を見ておこう。

白石は明暦三年（一六五七）、上総国久留里藩士の子として江戸で生まれた。奇しくもあの明暦の大火で一家が焼け出され、その避難先で生まれたという。幼少の頃から七言絶句の詩を暗唱するなど「神童」と言われたそうだが、藩のお家騒動に巻き込まれて浪人となる。その後、大老・堀田正俊に仕えるも、再び浪人となるなど、苦労人だった。こうした経験が、後に幕政において仁政を重視することにつながったと言われている。

三七歳の時、白石は人生の転機をつかむ。甲府藩主だった徳川綱豊（後の家宣）の侍講として召し抱えられたのである。時に元禄六年（一六九三）、後にライバルとなる荻原重秀が貨幣改鋳を行う二年前のことである。

次いで宝永元年（一七〇四）、綱豊が綱吉の世子（後継者）に決まって江戸城西の丸に入ると、白石も幕臣となり、次期将軍に儒学などを講義する立場となった。

そしてついに同六年、主人の家宣が将軍に就任となったわけである。

翌宝永七年、家宣は新しい武家諸法度を発布した。これは「宝永令」と呼ばれるが、綱吉の「天和令」を全面的に改定し、条文をすべて書き換えている。いわば新政権の施政方針だ。

第一条は、「文武の道を修め、人倫を明らかにし、風俗を正しくすべき事」とした。綱吉の「天和令」よりさらに文治政治の理念を強調している。

第二条は「国郡家中に政務、各其の心力を尽し、士民の怨苦を致すべからざる事」となっている。士民の怨苦、つまり武士や庶民を苦しめる政治をすべきでないとうたっており、生類憐みの令を念頭に置いたものとみられる。

第三条以下では、賄賂の禁止、奢靡《しやび》（程度を超えたぜいたく）を競ったり財利をむさぼることは厳禁など、元禄時代の派手な風潮を戒めるような内容も盛り込んでいる。

これを起草したのが白石だった。全体として儒教に基づく政治理念、つまり白石の思想が強く打ち出されている点が特徴で、正徳の治の理論的支柱となった。儒教をベースにした点では綱吉と同じだが、より儒教色を強めるとともに、具体策では綱吉政治からの転換を宣言するものだった。

2 正徳改鋳で金融引き締め

家宣も荻原重秀を重用、連続的に銀貨改鋳

白石にとって、綱吉政治からの転換を示す最大のテーマは、元禄改鋳によって低下した貨幣の価値を元に戻すことだった。そのためには、元禄改鋳を主導した荻原重秀を排除しなければならないとの思いを募らせた。

だが白石が頼みとする家宣は、重秀を勘定奉行として使い続けた。

しかも重秀は、家宣の代になっても貨幣の価値を落とす改鋳をさらに繰り返した。すでに綱吉時代末期の宝永三年（一七〇六）に品位（金銀の含有率）を落とした銀貨の改鋳（図表6の③）を実施していたが、家宣就任の翌年の宝永七年からのわずか一年半の間に、さらに三度にわたり銀貨の改鋳を実施し（永字銀、三ツ宝銀、四ツ宝銀の三種類）、銀の含有率を大幅に減らしたのである。

少しややこしいので、江戸初期以来の銀貨改鋳の経過（鋳造開始年）を時系列で整理すると図表6のとおりとなる。

このうち②〜⑥が重秀によって行われたものだ。これを見ると、⑥の銀の含有率（二〇％）

【図表6】荻原重秀による銀貨鋳造の経過

	鋳造開始年		銀貨	量目（重量）	銀の含有率	鋳造量
①	慶長6	1601	慶長銀	不定	80.00%	1,200,000貫
②	元禄8	1695	元禄銀	不定	64.00%	405,850貫
③	宝永3	1706	二ツ宝銀（宝字銀）	不定	50.00%	278,130貫
	宝永6	1709	＜綱吉死去、6代将軍・家宣＞			
④	宝永7	1710	永字銀	不定	40.00%	5,836貫
⑤	〃	〃	三ツ宝銀	不定	32.00%	370,487貫
⑥	正徳1	1711	四ツ宝銀	不定	20.00%	401,240貫

注：網掛けは荻原重秀による改鋳。

出所：滝沢武雄「近世貨幣表」『日本歴史大事典４』305頁による。

は、①の慶長銀（八〇％）はおろか、②の元禄銀（六四％）と比較しても、いかに低下したかがわかる。

この一連の改鋳の理由は、やはり幕府財政の悪化だった。

②は元禄金の改鋳と同時に実施したもので、この金貨と銀貨の改鋳により幕府が五〇〇万両以上にのぼる出目（改鋳差益）を得たことは前章（第三章）で述べたとおりである。そのおかげで幕府財政はいったん好転した。

だが元禄改鋳から一〇年近く経ち、綱吉時代末期になると再び財政が急速に悪化する。そこで重秀は③を実施するが、それでも足りない。

元禄大地震、宝永大地震、富士山噴火と打ち続く災害の復旧対策費や江戸城修築、京都大火で焼けた御所の再建費用などがかさんだことに加え、綱吉の死去に伴う葬送儀礼と廟所の造営、家宣の将軍宣下など、一連の儀式で多額の臨時的な支出が集中してしまったのだ。

家宣が将軍となった時（宝永六年）、重秀は老中らに「この年の幕府財政は一七〇～一八〇万石不足する。これに綱吉の葬送関係費用や新将軍の代替わり関連費用が加わる。ところが現在、幕府の御金蔵には三七万両しかない。この切迫した事態を打開するには貨幣改鋳しか策はない」と説明したという（藤田覚『勘定奉行の江戸時代』前掲書）。

白石は猛反対したが、重秀は老中らの内諾を得て④～⑥を実行に移したのだった。

だがこれほどの短期間に銀貨鋳造を繰り返せば、混乱が生じるのは避けられない。何種類もの品位の違う銀貨が混在して流通したため、商品の価格は銀貨の種類によって異なるという現象が起き、物価上昇を招いた。

この間の米価の動きを見ると、銀貨改鋳が始まる前の宝永六年には六二・五匁（大坂・一石当たり銀建て）だったものが、銀貨連続鋳造後の正徳三年（一七一三）には一四九匁へと跳ね上がっている（図表7）。

新井白石vs.荻原重秀

急場しのぎとは言え、この連続的な改鋳は、〝やり過ぎ〟だった。その意味で、元禄の改鋳とは事情が異なる。

【図表7】宝永・正徳〜吉宗在任時期の米価と物価の推移

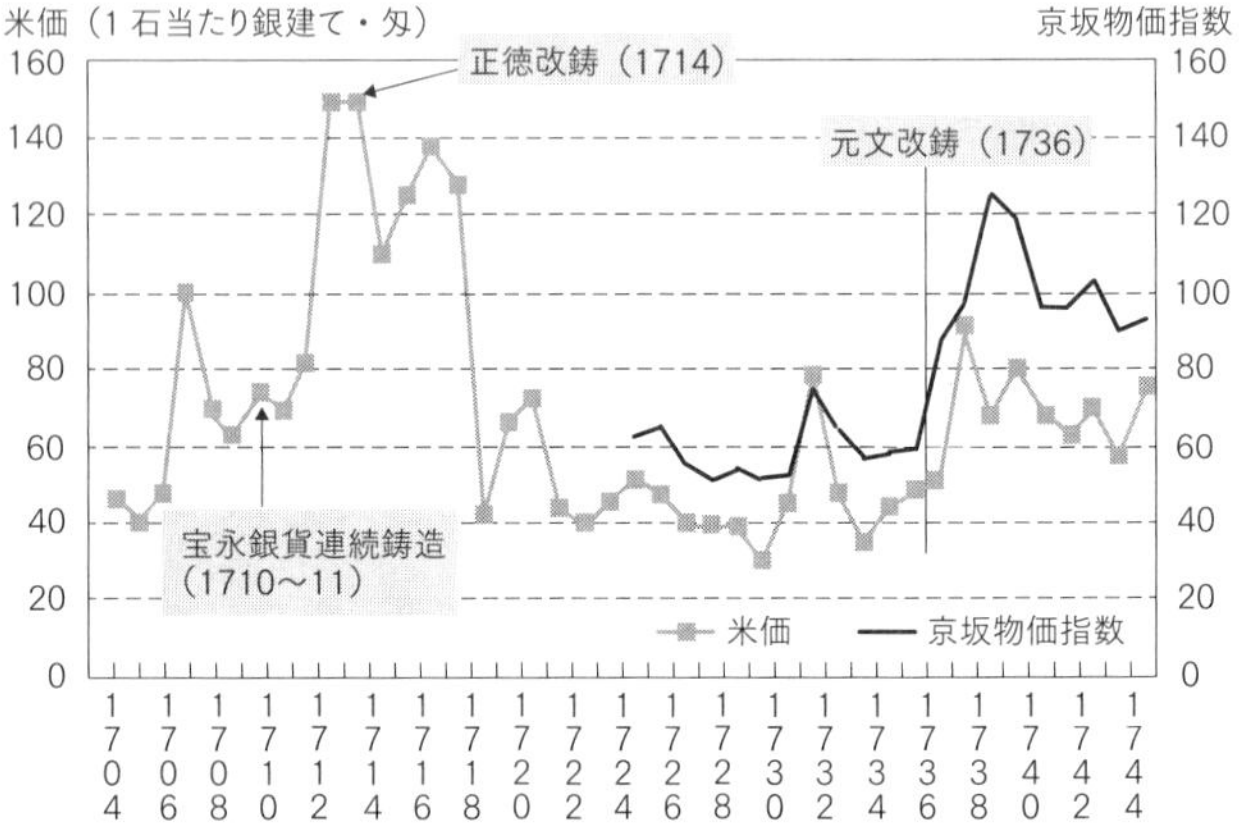

注：京坂物価指数は京坂地域の主要42品目の価格について、1840-44年を100として指数化したもの。

出所：深尾京司他「付表４　近世の物価・賃金系列」同編『岩波講座日本経済の歴史２・近世』287-291頁をもとに、筆者にて作成。

それでも幕府はまたまた多額の出目を得て、財政不足を乗り切ることができた。家宣は重秀のその功績を評価し、新たに五〇〇石を加増したほどだ（これまでの石高と合わせ三七〇〇石に）。

白石にとっては、ますます許すことのできない事態である。ついに、重秀の罷免を求める弾劾書を提出するに至った。

前章で触れたように、弾劾書の提出は三度にわたっていた。つまり二度目までは、家宣は受け入れなかったのだ。家宣も側用人の詮房も、重秀の能力を評価していたからだ。白石は『折たく柴の記』の中で、家宣は「天下の財政を司れる者は重秀のほかにはいない」と言ったと記している。

そこで白石は三度目の弾劾書で、重秀を重用する家宣と詮房をも批判し「重秀を罷免しないなら自分が刺殺する」とまで書いて最終決断を迫った。あまりに激しい文面に家宣と詮房が驚いたせいか、三度目にしてようやく家宣が重秀を罷免したのだった。

こうして目的の一つを果たした白石だが、ちょうどその頃から家宣は病床に伏せるようになり、一カ月後の正徳二年（一七一二）一〇月に亡くなってしまった。将軍在位わずか三年だった。

家宣の跡を継ぐ七代将軍は、息子・鍋松と決まった。だがまだ四歳、満年齢では三歳である。そのため急いで元服を済ませ家継と名を改めるなど、準備と手続に時間が必要だった。将軍宣下を受けたのは翌三年四月になってからだ。

金の含有率を慶長金並みに引き上げた正徳金

そしてようやく同年六月、白石は貨幣改鋳についての建議書「改貨義」を提出した。その趣旨は、重秀の政策によって大量に出回った元禄金銀と宝永金銀を回収し、慶長金銀の品質に戻した良質の金貨・銀貨を鋳造するというものだ。

これに基づき幕府は翌年の正徳四年（一七一四）、新貨幣（正徳金銀）の鋳造を開始した。白石の建議どおり、金貨の金含有率は八四・二九％、銀貨の銀含有率は八〇％と、いずれも慶長金銀とほぼ同じ比率に戻された。

金貨は一両小判と一分金（四枚で一両）の二種類がつくられたが、いずれも含有率だけでなく、大きさや形状なども慶長金と同じにしている。いわば、白石が理想とする「家康の慶長金」の再現だ。

ついに白石は〝悲願〟を達成したのである。

新金貨の発行にあたって幕府は、旧貨幣との交換比率を次のように定めた。
①元禄金一〇〇両を正徳金五〇両プラス一両一分とする（一両一分の増歩、つまり二・五％のプレミアム）
②宝永金一〇〇両を正徳金五〇両とする
宝永金というのは宝永七年（一七一〇）に発行された一両小判と一分金で、元禄金より金含有率を高くした代わりに小型にしたもの。金の含有量としては元禄金より少し少なかったが、元禄小判と宝永小判はほぼ同価値とみなされていた。

しかし正徳金の流通が始まると、実際には慶長金より品位が劣るのではないかとの悪評が広がったことから、幕府は翌年、当初の正徳金より金含有率を二・五ポイント高くした金貨（八六・七九％）に鋳造し直した（再鋳造の時期については諸説あり。なおこの〝改定版正徳金〟がつくられた時期の大半が享保年間だったことから「享保金」と呼ばれる）。

これに加え、旧貨幣と新貨幣との交換比率にも人々の不満が向けられた。金の含有量（含有率ではなく）で比較すると、宝永金二枚分より正徳金一枚分のほうが少なかったことが原因だ。

このようなことから、貨幣の流通市場は混乱した。

貨幣流通量が減少、デフレに陥る

そもそも、慶長金並みの金貨をつくるということ自体に無理があった。金の含有率を増やすということは、より多くの金を必要とするわけだが、金の産出自体が減り続けており、新規の金の投入はほとんどできない。その制約の中で、元禄金二枚を正徳金一枚に交換するのだから、名目上の金額は二両が一両になるのと同じで、貨幣流通額は減少することになる。

つまり正徳の改鋳は、通貨供給量を絞ったのと同じ効果をもたらしたのだ。現代で言えば量的金融引き締めである。貨幣の流通量が減れば通貨の価値が上がり、物価が下がる。

実際、正徳三年（一七一三）に一四九匁だった米価（大坂・一石当たり銀建て）は、正徳金の発行翌年から下がり始め、享保四年（一七一九）には約四一匁まで下落した。図表7を見ると、米価の急落ぶりがよくわかる。その頃には吉宗の時代になっていたが、吉宗も享保金の流通を継続させていたため、物価はその後の享保末期の一七三〇年代半ばまで約二〇年に

【図表8】三井越後屋本店の売上高推移

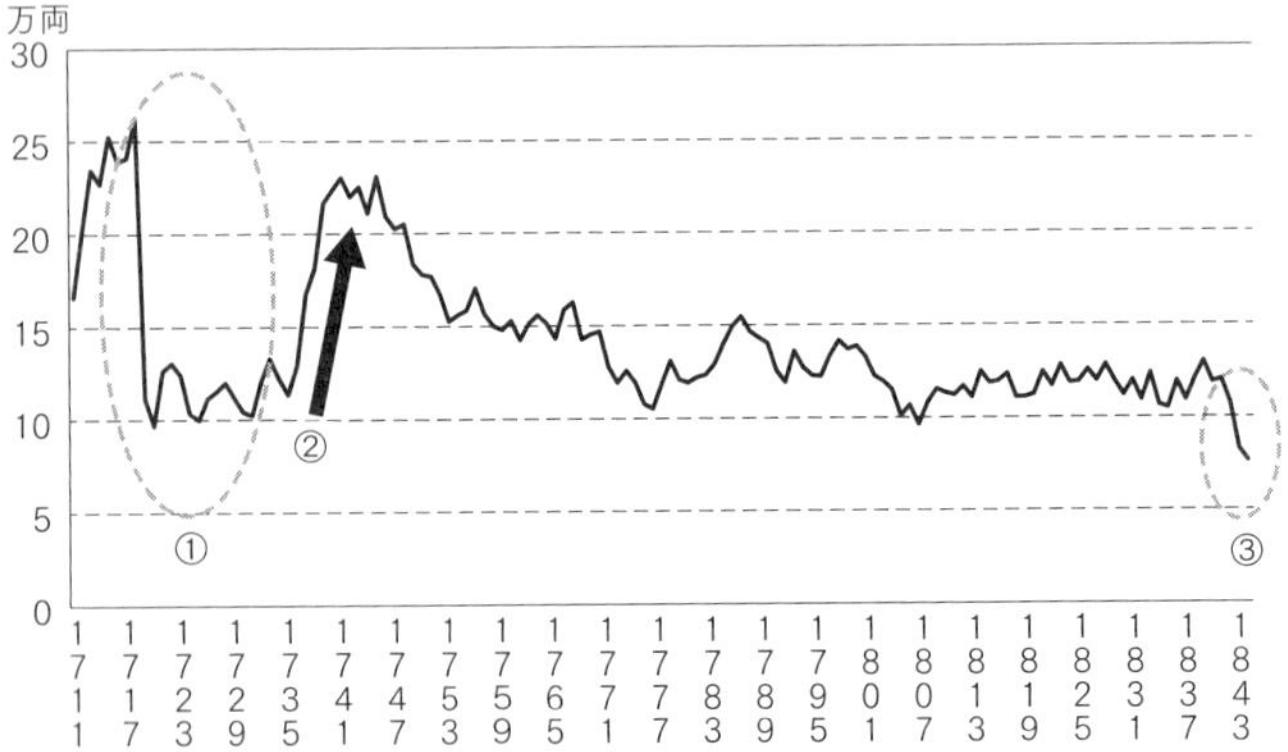

注：①正徳改鋳(1714〜)によるデフレ不況の影響で売上高激減、その後も低迷
　　②元文改鋳(1736〜)によるリフレ効果で売上高急増
　　③天保の改革（1841〜43）によるデフレ不況で売上高激減

出所：中田易直『三井高利(新装版)』119-122頁をもとに、筆者にて作成。

わたって低迷が続いた。

まさに、真正のデフレに陥ったのだった。正徳の改鋳が行われた正徳年間には、すでに元禄バブルは崩壊し始めていたが、そのような状況の時に、いわば金融引き締めという強烈なパンチを浴びせてバブル崩壊に拍車をかけてしまったわけだ。その結果、デフレが長引き、経済低迷が続いた。

この時期のデフレ不況の深刻さを示すデータがある。江戸随一の豪商となっていた三井越後屋本店の売上高は、正徳金・享保金の発行後に急減し、享保五年（一七二〇）には一〇万両を割り込んだ。ピークだった数年前のわずか四割以下に落ち込んだのだ。その後、享保二〇年（一七三五）まで長期間にわたって低迷が続いている（図表8）。

貨幣経済の歴史を長年研究していた三上隆三氏（和歌山大学名誉教授・故人）は、重秀の貨幣改鋳を批判する一方で、白石の正徳改鋳についてこう論じている。

「白石による良質金銀貨の鋳造は、実のところまことに学者・白石らしい純粋の道義的発想にもとづいて理想主義によるものだった。したがって彼には金銀減少という条件下での良貨鋳造↓通貨量減少↓デフレーション・不況という因果関係の発生する現実的経済見通しは、まったくなかったようである」（同氏『江戸の貨幣物語』）

たしかに重秀がその後半期に連続的に銀貨を改鋳したことはやりすぎだったが、三上氏が指摘したように、白石はそれを「悪」とするあまり、経済の実態を無視した政策を実施し、経済に深刻な影響をもたらしたと言わざるを得ない。

3　正徳改鋳と平成バブル崩壊

金融引き締めで「バブルつぶし」

実は、これに似たような誤りは現代日本でも起きている。平成初期の「バブルつぶし」がそれだ。

昭和末期の一九八〇年代後半、日本経済は好景気の波に乗り、バブルに沸いていた。前章でも触れたとおり、元禄時代と似たところがあったと言える。土地値上がりを見込んだ「土地ころがし」や「地上げ」が横行し、「財テク」ブームで株価は史上最高値を更新し続けた。このため日銀は平成元年（一九八九）になって、政策金利を引き上げ金融引き締めに転じた。

その影響もあって、平成二年の年明けから株価は急落し始めた。前年末に最高値（三万八九一五円）をつけていた日経平均株価は、同年一〇月初めには一時二万円を割り込んだ。正味九カ月で半値近くまで落ち込んだのである。もはやバブル崩壊は明らかだった。

しかしそれでも日銀は金融引き締めを続けた。「バブル退治はまだ不十分」と判断していたのだ。バブル期に金融緩和を続けすぎて金融引き締めが遅れた分を取り戻すという意識も強かった。

当時の日銀の三重野康総裁をメディアは「平成の鬼平」と呼んだ。「鬼平」とは、天明・寛政期の一七〇〇年代後半、盗賊を厳しく取り締まった「火付盗賊改方《ひつけとうぞくあらためかた》」の長官・長谷川平蔵が悪人たちから「鬼の平蔵」略して「鬼平」と恐れられたことにちなんだもので、ちょうど池波正太郎原作のテレビドラマ「鬼平犯科帳」が中村吉右衛門の主演で放送され人気番組となっていた。その鬼平のようにバブルという悪人退治に邁進する三重野総裁に、メディアも世間も拍手喝采を送った。

だが、「バブル退治」という〝理想〟を追求するあまり、日本経済の体力そのものを奪ってしまう結果を招いた。当時は「株や土地の値上がりは悪」「だから下がって当然」といった風潮があった。だがあれほどの急落、しかも長期にわたる下落が実体経済に深刻な影響を与えることについて、日銀は軽視していたと言える。

そのことが、バブル崩壊後の経済低迷を長引かせ、やがてデフレに陥る一因になったのである。

平成バブル崩壊と似たパターン

白石が主導した正徳改鋳も、「金銀の含有率を落とした元禄と宝永の改鋳は悪」として、「貨幣の価値を慶長金銀並みに引き上げるべき」と〝理想論〟にこだわるあまり、それがもたらす悪影響＝貨幣流通量の減少・デフレという弊害に対する認識や理解がなかった。政策の中身はもちろん違うが、その誤りのパターンは平成バブル崩壊時と似ていると言えるだろう。

さて、家継はわずか八歳でこの世を去り、白石が推進した「正徳の治」は、これを以て終わりを告げた。家宣と家継の治世は、二人合わせても七年という短い期間だったが、この時代を境に、江戸時代後半の経済は全体として低迷トレンドが続いていくこととなる。

その中で幕府は、三大改革（享保の改革、寛政の改革、天保の改革）をはじめ、さまざまな対策で経済立て直しに取り組んだ。その効果で経済が上向いた時期もあった（田沼時代、文化文政時代など）。だが政権交代によって過度な緊縮政策に転換し経済回復の芽を摘んだことに加え、飢饉や自然災害が相次ぎ、経済低迷が一段と落ち込むという展開を繰り返した。

平成のバブル崩壊後も、ＩＴブームなどそれなりの景気回復局面が何度か出現し、小泉構造改革やアベノミクスなど、政策面での改革も行われた。だがそのたびに、早すぎる金融引き締めや緊縮財政への転換、あるいはリーマン・ショックやコロナ禍などの外的な危機によって、根本的な経済回復は道半ばで終わるパターンが繰り返された。

次章以降では、江戸後半期の経済低迷とそれに対応する改革の内容を見ていこう。

第五章　吉宗の「享保の改革」——元祖・リフレ政策

1　改革の始動

新井白石を解任——前政権からの転換を示す

正徳六年（一七一六）四月三〇日、七代将軍・家継が八歳にして亡くなり、吉宗は江戸城二の丸に入って徳川将軍家を相続した。吉宗に従って九六人の紀州藩士も江戸城に入り、幕臣となった。その顔触れは吉宗が人選したわけではなく、当日の当番だった者をそのまま連れてきたという。

次いで八月に将軍宣下を受け、正式に征夷大将軍となる。その前後を含め最終的に二〇五人の紀州藩士を幕臣に編入した（深井雅海『綱吉と吉宗』前掲書）。

これは家宣と大いに違っていた。甲府藩主だった家宣が同藩から連れてきた家臣は七八〇人余りにのぼっていた。家宣が将軍就任とともに甲府藩を廃藩としたのに対し、吉宗は紀州藩を存続させたため、多くの藩士が残留したといった事情の違いはあったが、それでも幕臣に編入した家臣の数は少なかったと言える。そのうえ、紀州藩士出身の家臣は側近として重用するものの、過大な出世をさせることはなかった。

吉宗のこうした姿勢は、老中や譜代大名たちから好意的に受け止められた。彼らは綱吉時代以来、側用人が老中より権力を握るようになっていた側近政治を苦々しく思い、不満を持っていたのだ。

吉宗は、家宣・家継時代の側用人・間部《まなべ》詮房《あきふさ》と侍講・新井白石を解任し、側近政治からの決別を人事で示した。そのうえで将軍の秘書役的な役割として、老中より明確に格下とする御用取次役を新たに設置し、紀州藩士出身の有馬氏倫《うじのり》と加納久通《ひさみち》の二人を任命した。

ただそれは、老中中心の政治を復活させたわけではない。前掲の深井氏によれば、綱吉〜家継時代の側用人は格の高さゆえに、将軍との取り次ぎ範囲が老中・若年寄などの幕閣に限定されていたが、吉宗は老中より格下の旗本（紀州藩士出身）を取次役に任命したため、取次役が同じ旗本の実務官僚にも接触が可能になり、取り次ぎ範囲が広がったという。吉宗はそのような御用取次役を手足としてフルに使い、実質的には将軍主導で改革を進める体制をつくっていった。

将軍主導で前例にとらわれない改革

一方、享保二年（一七一七）には新たな武家諸法度を発布した。武家諸法度は六代・家宣就任時、新井白石の起草によって全面的に改定されたことは前章で書いたとおりだが、吉宗はこれを破棄し、その前の綱吉が制定した「天和令」に戻したのである。吉宗は、将軍の権力を高めた綱吉を尊敬していたという。この武家諸法度の「天和令」への回帰はそれを示すと同時に、家宣・家継時代の否定も明確にしたと言える。

ただ実際の政策を見ると、そう単純ではないことも確かだ。綱吉が生類憐みの令で禁止した鷹狩を復活させているし、逆に白石主導で改鋳された高品位の正徳金銀は引き続き使用して〝金融引き締め〟路線を継続した（これが吉宗時代前半のデフレの深刻化を招くのだが、それについては後述する）。

このように将軍の権力基盤を強化しつつ、享保四年、既存の制度や法令の見直しを指示する法令を出した。

このあと吉宗は、目安箱、キリスト教に関係のない洋書（漢訳書）の輸入解禁などを次々と打ち出していった。

享保六年には大名と旗本に対し、全国の人口の調査を命じている。第一章で論じた人口のデータはこの調査に基づいている。調査の対象は農民や町人などだけで、武士や公家などは含まれていないが、第二回の調査が享保一一年に行われ、その後は六年ごとに幕末近くまで実施された。

吉宗はこの調査によってまず現状を把握したうえで、後述する新田開発や年貢徴収をはじめとするさまざまな改革に役立てようとしたのだ。

こうしていよいよ最大のテーマである経済政策、幕府財政の立て直しと物価対策に本格的に取り組むことになる。

2　歳出削減・緊縮財政を徹底

その頃、幕府財政は再び悪化し始めていた。原因は主に三つあった。

第一は、元禄以来、財政支出が膨らみ続けたが、本格的な歳出削減がほとんど行われていなかったこと。

第二は、正徳改鋳（正徳金・享保金）が金貨の品位を上げることを目的としていたため、元禄改鋳時のような出目が全く得られなかったこと。

第三は、江戸初期から進められてきた新田開発が限界を迎えて頭打ちとなり、宝永・正徳期には直轄領の年貢収納高が減少ないし横ばい傾向となっていたこと。

そのうえ米の不作が続いたため年貢収入が落ち込んだ。享保七年（一七二二）の一〇月には旗本・御家人に支給すべき切米《きりまい》の支給ができなくなるところまで追い込まれてしまう。

切米とは、知行地を持たない小禄の旗本・御家人に年三回に分けて支給するものだが、翌年にかけて毎回支給が遅れたという。給料の遅配だ。もともと小禄なうえ、後述する米価の下落によって生活が苦しくなっていた彼らにとって、遅配は死活問題だった。

このような事態に直面して、吉宗は本格的な歳出削減に乗り出した。すでに自ら木綿の着物を着用して食事も簡素化するなど率先垂範で質素倹約を実行していたが、幕府全体で歳出削減に取り組む体制を整えるため、勘定所の改革に乗り出した。勘定所を、財政運営を担当する勝手方と、訴訟などを扱う公事方の二部門に分けるとともに、老中の水野忠之を勝手掛に任命し、その下で勘定奉行以下の勘定所が徹底的な歳出削減を推進していった。

大奥のリストラも打ち出した。吉宗が大奥に勤める女性のうちから美人をリストアップさせたのはこの時だ。大奥では「側室選びか」と色めき立ち、たちまち五〇人ほどの「候補」

が選ばれたが、吉宗は「美人だから嫁の貰い手がすぐに見つかるだろう」と言って辞めさせたという。大奥という「聖域」もリストラの対象にしたという点で画期的だった。吉宗が前例や格式にとらわれない新しい発想を持ち、「聖域なき歳出削減」で改革に取り組んだことを示している。

もっとも、吉宗の八代将軍就任の流れをつくったとされる天英院（先々代将軍・家宣の正室）には一万二〇〇〇石を支給するなど生涯にわたって厚遇し続けており、このあたりは「聖域なき歳出削減」は徹底しきれていなかったようだ。

3　新田開発で年貢収入増加を図る

いずれにせよ、歳出削減だけでは財政再建はできない。そこで、停滞していた新田開発に力を入れ、増収を図る方針を打ち出した。

すでにその頃、新田開発できるところはある程度は開発し尽くされ、それ以上の開発は技術的に困難な場所しか残っていないなどの問題を抱えていた。また財政難のため、新田開発に必要な資金確保もままならなかった。

こうした局面を突破するため、享保七年（一七二二）七月、新田開発を推進する高札を日本橋に立てた。高札を立てた場所が日本橋だったのは、江戸の商人の資金提供を期待したからだ。今で言う民間活力の導入だ。

高札を掲げた翌月には、紀州から井沢弥惣兵衛為永《やそべえためなが》という藩士を呼び、幕臣として取り立てた。井沢は、吉宗が紀州藩主時代に豪農から登用されて新田開発と治水事業に大きな功績を上げた人物で、その土木技術は「紀州流」と呼ばれた。

実は吉宗は紀州藩主時代、藩が財政難に陥ったため改革によって財政再建を果たしたが、その中心となったのが新田開発だった。その経験を活かすべく、井沢を呼んだのだ。

井沢はさっそく、関東各地をはじめ甲斐、信濃、越後、東海、畿内など全国を飛び回り、武蔵国見沼や下総国手賀沼、同飯沼の干拓、木曾三河の改修など、新田開発とそれに関連する河川改修などを次々に手がけていった。

こうした井沢をはじめとする新田開発によって、幕府直轄領の総石高は、新田開発方針が打ち出された享保七年の四〇四万石から、享保末年の二一年には四五七万石へと、一四年間で五三万石増加した。さらにその後、吉宗が将軍職を息子・家重に譲る前年の延享元年（一七四四）には四六三万石余りまで増えて、幕府財政史上で最高を記録した（大野瑞男『江戸幕府財政史論』）。

吉宗は新田開発と合わせ、青木昆陽を登用してサツマイモの栽培普及を図り、飢饉に備えさせた。菜種油や薬草といった商品作物の栽培も奨励するなど殖産興業にも力を入れた。

4　「四公六民」から「五公五民」への増税

増税効果で年貢収入が増加、過去最高に

吉宗は新田開発とともに、年貢を引き上げることによって幕府の収入を増やそうと考え、新しい年貢徴収方法、定免法《じようめんほう》を導入した。

従来は、年ごとに米の収穫高に応じて年貢を徴収する検見法《けみほう》がとられていたが、この方式だと年によって豊作や不作の差が大きく年貢収入も安定しない問題点があり、手間もかかった。これに対し定免法は、過去一〇年など一定期間の平均収穫高をもとに向こう数年間は同じ年貢高を納めるという方式で、これにより年貢収入を安定させることができた。

続いて享保一三年（一七二八）、年貢率の基本を長年の「四公六民」から「五公五民」に引き上げた。ただ実際の年貢収納率が四〇％から五〇％になったわけではない。前掲書『江戸幕府財政史論』のデータによれば、吉宗の将軍就任（享保元年）直前一〇年間の年貢収納率の平均は約三二％だったが、年貢率引き上げの翌年（享保一四年）は三六％強となっている。収納率の増加は四％程度に過ぎないが、それでも年貢収納高では約一三二万石から一六

一万石へと、約三〇万石も増加した。

その後も幕府の年貢収入は漸増が続き、吉宗将軍退任の前年・延享元年（一七四四）には年貢収納高は一八〇万石、収納率は約三九％となり、前述の石高と同様に江戸時代最高を記録した。吉宗就任前と比べると四八万石、七％の増加だ。

こうして年貢引き上げは幕府の財政再建に大きな効果を発揮した。しかしそれは、農民にとっては増税である。「胡麻の油と百姓は絞れば絞るほど出るものなり」という有名な言葉があるが、これは吉宗が在職後半期に勘定奉行に抜擢した神尾春央《かんおはるひで》が言い放ったものだ。神尾は自ら地方に出張して農村を視察して回り、年貢徴収は苛斂誅求《かれんちゅうきゅう》をきわめたという。その〝成果〟によって江戸時代最高の年貢収納高を達成したのだった。

まさに農民は重税にあえぐこととなった。幕府が年貢の引き上げに踏み切った享保一三年は、デフレ不況の真っただ中にあった。前述の正徳改鋳によって金融引き締めと同じ効果を生み、景気が落ち込んでいたのだ。そのような時に財政再建のために増税したのだから、農村はひとたまりもなかった。

享保の増税、平成の消費税引き上げと共通点も

実は、現代日本でも似たようなことをやっている。

バブル崩壊後の不況にあえいでいた平成九年（一九九七）四月、政府は消費税率を三％から五％に引き上げた。バブル崩壊後の景気対策によって財政赤字が拡大した状況を改善するためとして増税したのだったが、消費増税によって一気に消費が冷え込んだ。そのうえ、同年一一月には山一証券の自主廃業など金融危機が起きたのだ。

政府はこの時、消費税増税と併せて、所得税の特別減税廃止や社会保険料引き上げなども同時に実施していた。そのため国民負担増は八兆六〇〇〇億円にのぼった。家計負担の増加は一世帯当たり一九万六〇〇〇円に達したと推計されている（第一生命経済研究所）。そもそもバブル崩壊によって日本経済の体力は弱まっていた。そのような最中に増税したことで、日本経済はさらに深刻なデフレに突入したのだった（デフレの原因のすべてではないが、重要なきっかけとなったことは間違いない）。

さらに平成二四年（二〇一二）、デフレ不況が続いていたうえ、前年には東日本大震災が起きていたという時期にもかかわらず、民主党の野田内閣は、野党だった自民（谷垣総裁）・公明（山口代表）両党との合意（いわゆる三党合意）を得て消費税の二段階引き上げ（五％から八％へ、次いで一〇％へ）を決めた。

その年の年末に第二次安倍政権が誕生し、アベノミクスによって景気が回復しデフレではない状況となった。だが消費税の二段階での引き上げは、時期を遅らせたものの、結局実施された。これが安倍政権後半の景気停滞の一因となったことは否定できない。

筆者は一般論として増税そのものを否定するものではないが、アベノミクスがデフレ脱却を最大の目的としていたことを考えれば、デフレ脱却が確実になるまで消費増税は見送るべきだったと考えている。いつの時代でも、増税はそのタイミングが重要であり、よほど慎重に見極めなければならない。

飢饉も重なり農村は疲弊、一揆が増える

さて話を江戸時代に戻すと、享保の増税はやはりタイミングが悪すぎた。そのうえ、増税実施後の享保一七年（一七三二）、飢饉が農村を襲うという悲劇が重なった。享保の大飢饉である。

この年、天候不順が続いて冷夏に見舞われたのに加え、ウンカなどの大群が押し寄せ、畿内以西から九州に至る西日本全域で大凶作となった。収穫できたのは、該当地域の総石高のわずか二七％、六三万石だったという。

年貢どころか、食べる米さえ足りなくなり、飢饉が広がった。幕府に報告が上がった分だけでも餓死者は一万二〇〇〇人、飢えに苦しんだ人は約二〇〇万人に達したとされている。ただこの数は各藩が外聞を気にして過小に報告した結果と言われており、餓死者九七万人と

いう説もある。

農村は、長年のデフレ（＝米価低迷）、増税、そして飢饉のトリプルパンチに見舞われたのだった。各地で一揆や強訴が頻繁に起こるようになったのは、この頃からなのである。

一方、都市部では飢饉が原因で米価が急騰するという事態となり、江戸ではこれに怒った町民によって打ちこわしが起きた。

こうして吉宗の後半期は一揆や打ちこわしへの対応に頭を悩ませ続けることとなる。

5　物価対策に悩まされ続けた「米将軍」

米価は五分の一近くに下落～デフレ・スパイラル

もう一つ吉宗を悩ませ続けたのが米価などの物価対策だった。

ひと昔前、学校のテストで、「八代将軍・吉宗のあだ名は○○将軍でしょう」という問題が出て、生徒全員が「暴れん坊将軍」と答えたという笑い話があるが、もちろん正解は「米将軍」。まさに、米価に翻弄され続けた将軍だった。

もともと、元禄期頃までの耕地面積の増加や農業技術の発達などによって、米の生産は増加していた。特に大坂には各藩からの米が集まり、米は供給過剰気味となっていた。そこに、正徳の貨幣改鋳による金融引き締めとそれを吉宗が引き継いだことでデフレという新たな要素が加わった。これが米価下落の原因だ。

米価の動きを見てみよう。新井白石による正徳改鋳の前年の正徳三年（一七一三）、一四九匁だった米価（大坂・一石当たり銀建て、年末値）が、享保四年（一七一九）に四一匁まで下落したことは前章（第四章）で見たとおりだが、吉宗も正徳金銀とその改定版・享保金銀の流通によって金融引き締め政策を継続したため、米価は一段と下落していく。

享保一五年末には、三一匁の最安値をつけるに至った。ピーク時の五分の一近くまで落ち込んだことになる。江戸時代全体を通しても、年末値としては最安値だ（第四章・図表7：一一〇頁）。当時は六〇匁程度が米価安定の目安とみなされていたので、この時期の米価下落がいかに深刻だったかが想像できる。

米価の下落は、俸禄を米で支給されている武士にとっては賃下げと同じであり、武士の生活を困窮させた。幕府や各藩にとっては、徴収した年貢米を現金に換えて財政支出を賄っていたことから、米価の下落は歳入の目減りを意味し、財政を一段と悪化させることとなった。

米価の下落が経済全体を収縮させ、それがまた米価の下落を継続させる——まさにデフレ・スパイラルである。

米価上昇にあの手この手～大坂・堂島市場を公認

このため吉宗はあの手この手で米価の上昇を図ろうとした。大坂や江戸に集まる米の量を減らそうと、各藩に対し年貢米を領内にとどめおく「囲米《かこいまい》」を命じたり、幕府が米を買い上げて貯蔵する「買米《かいまい》」を実施したりした。商人たちにも強制的に米を買わせた。こちらの買米は「かわせまい」と呼ばれた。

これら一連の米価対策で注目されるのは、大坂の米市場に対する姿勢の変化である。すでに元禄期には、堂島の米市場で手形取引や手形の転売などが広く行われるようになっていたが(第三章)、それまで幕府はそうした取引の行き過ぎを規制し、時には厳罰で臨んでいた。だが享保八年(一七二三)から同九年にかけ、米価が下落している時は「不実の米商売」への規制を緩和するよう大坂奉行所に指示を出している(高槻泰郎『大坂堂島米市場』)。次いで、米価が最安値を付けた享保一五年、堂島米市場を公認した。その触書《ふれがき》はこう記している。

「昔からのやり方で『流れ相場商い』を勝手に行ってよい。随分と手広に取引し、少しでも米商売の妨げになるようなことがないように。つまるところは、米相場が宜しくなるためのことである」(高槻氏による現代語訳・一部は省略)

「米価が下落している間は」との条件付きだが、言葉を換えれば、幕府は市場の公認が米価上昇につながることを期待したと言えるだろう。いわば「米価を上昇させるためなら何でもやる」といったところだ。堂島米市場の公認は、その後の市場経済の発展、そして現代における先物取引の源流となった。

「米価安の諸色高」～物価対策は手詰まりに

このように、吉宗は米価引き上げに奔走した。

ただそれでも米価の上昇という目的は短期的には達成できなかった。堂島市場の公認から二年後の享保一七年（一七三二）に米価は七九匁へと跳ね上がっているが、これは堂島市場公認の効果ではなく、前述の大凶作が原因で、それにより享保の大飢饉が起きている。

とても喜べることではない。飢饉が起きると、幕府は一転して米不足の解消と米価上昇抑制のため囲米を放出したほか、東国の米を救援米として西日本各地に急送するなど対応に追われた。

そして飢饉が落ち着いた翌年には、米価は再び下落に転じ、その後の享保年間は三〇～四〇匁台の低迷が続いている。

そのうえ厄介だったのは、米価が大幅に下落した一方で、他の諸物価の下落が比較的小さ

【図表9】正徳期と元文期の諸物価の比較

		正徳4年（1714）=100とした元文元年（1736）の指数
米	1石	27.1
22品目平均		57.6
絹	1疋	41.1
真綿	1貫	48.3
布	1反	48.0
木綿	100斤	57.6
炭	10俵	66.3
畳表	10枚	72.7
銅	100斤	87.2
藍玉	10貫	56.7
煎茶	100斤	49.5
煙草	100斤	41.0
綿実	10貫	31.3

出所：山崎隆三『近世物価史研究』95頁による。

かったことである。つまり米に比べて一般の物価が高くなったように見えて、「米価安の諸色高《しょしきだか》」と呼ばれた。

たとえば、絹、木綿、炭、畳表、銅、藍玉、煎茶、煙草、油粕など生活必需品関連の二二品目の価格を、正徳四年（一七一四）を一〇〇とする指数でみると、元文元年（一七三六）は平均で五七・六となった。これに対し米の指数は二七・一で、米以外の二二品目すべての指数を下回っていた（図表9）。

デフレの中で多くの物価も下がっていたのだが、米価の下落がより大きかったのだ。米価を中心に考えると、一般の物価が相対的に高くなっていたため、政策としては米価を上昇させると同時に一般物価を下げさせることが必要となっていた。それだけに一筋縄ではいかなかった。

幕府は「商人が自分の利益のために物価をつり上げている」として、強権的に物価を引き下げようとしたこともあったが、そのようなやり方がうまくいくはずもなく、効果はなかった。

物価対策は手詰まりとなった。

6　貨幣改鋳で政策転換――金融引き締めから金融緩和へ

金銀の含有を減らして流通量拡大をめざす

享保二一年改め元文元年（一七三六）、吉宗が将軍に就任してちょうど二〇年が経った。その間さまざまな改革を進め、それなりの成果を上げてきたものの、デフレ不況はますます深刻化していた。その点から言えば、「失われた二〇年」である。

その最大の原因は、これまで見てきたことからわかるように、緊縮財政と金融引き締めにあったのだ。政策を根本から見直す必要があったのである。

吉宗はついに金融政策の転換を決断する。貨幣の流通を増やすことを目的に、金銀の含有率を下げた貨幣を新たに鋳造することにしたのだ。

これは江戸南町奉行・大岡忠相《ただすけ》の進言によるものだった。「米価の上昇を実現させるには、貨幣の品位を落として流通量を増やすしかありません」と強く主張し、吉宗を説得したという。さすがは「名奉行」といわれた忠相。江戸庶民の暮らしの実情をよく知る忠相は、貨幣不足が米価下落＝デフレの原因であることを見抜いていたのだろう。

忠相と勘定奉行・細田時以《ときより》を責任者として、貨幣改鋳は実行に移された。新しい貨幣・元文小判（及び一分判）は、金の含有率を六五・七一％とし、享保小判の八六・七九％から大幅に落とした。小判の重量自体も減らしたため、金の含有量では約四・一三匁から約二・三〇匁へと約四四％減っている。銀貨（元文丁銀）も享保丁銀の銀含有率八〇・〇％から四六・〇％へと大幅に落とした。

新旧貨幣の交換は、旧金貨（享保金など）一〇〇両に対し新金貨（元文金）一六五両として、六五％ものプレミアムをつけた。質の高い旧貨幣の退蔵を防ぎ、新貨幣の流通を促進させることが狙いだった。したがって、その分、出目は期待していなかった。

デフレから脱却、緩やかに物価上昇～元祖・リフレ

貨幣改鋳の結果、米価は上昇に転じ始める。改鋳の前年、享保二〇年（一七三五）末の四三匁から、改鋳が行われた翌年の元文二年（一七三七）末には五二匁、その翌年（元文三年）には九〇匁となり、改鋳前の二倍にまで上昇した（第四章・図表7：一一〇頁）。狙い通り新金貨の流通拡大によって量的金融緩和効果が生まれ、ようやくデフレから脱却したのだっ

た。

元文の改鋳は、金の含有率を落としたという点では元禄の改鋳と共通しているが、その直接の動機あるいは目的は異なっている。元禄改鋳は財政難を乗り切るため多額の出目を得ることが第一目的だったが、元文の改鋳は貨幣流通量を増やすことが最大の目的だった。

そしてその目的は達せられたのだ。直後は一時的にインフレとなったが、以後、物価は安定した。

こうして元文金銀は、文政元年（一八一八）の改鋳まで八〇年余りにわたって流通した。これは、江戸時代に鋳造された貨幣では慶長金銀を除き最長だ。鋳造量では慶長金をも上回る一七四三万両余りに達し、江戸時代のそれまでの貨幣の中で最大量となった。まさに、長期間の量的金融緩和が大きな効果をあげたと言える。

吉宗が金融政策を量的引き締めから量的緩和へと一八〇度転換したことは、今で言うリフレーション政策の先駆けとなった。筆者は第三章で、荻原重秀の元禄改鋳を〝リフレ政策の原型〟と表現した。リフレ政策とは、デフレから脱して緩やかなインフレをめざす政策を指すが、元禄改鋳はデフレ脱却というより財政難乗り切りが最大の目的だった。そのためリフレ政策そのものではなく〝リフレ政策の原型〟としたのだが、元文改鋳は正真正銘の「元祖・リフレ政策」であり、リフレの初の成功例と言っていいだろう。

以上見てきたように、享保の改革は多くの失敗を重ねながらも、経済立て直しで一定の成果をあげ、後の幕政改革に大きな影響を与えることとなった。吉宗の政策は「緊縮財政・金融引き締め（歳出削減と増税、正徳・享保金の継続）」と「成長重視の積極策・金融緩和（新田開発、殖産興業、元文改鋳）」という二つの側面を持つが、このうち積極策の側面は、次の政権で田沼意次が引き継ぎ発展させることになる。

第六章　田沼時代の真実
——成長戦略と構造改革の試み

1　吉宗の積極策の面を受け継いだ田沼意次

異例の出世——元足軽の息子が老中に

享保元年（一七一六）、八代将軍となる吉宗が紀州藩士を伴って江戸城入りしたことは前章で述べたが、その中に田沼意行という人物がいた。

意行はもともと足軽だったと言われているが、吉宗が紀州藩主となる前の部屋住み時代から仕え、吉宗が紀州藩主になると小姓を務めた。さらに吉宗の将軍就任とともに幕臣（旗本）

となり、そのまま新将軍の小姓となっている。吉宗からの信頼が厚かったという。

それから三年後の享保四年、意行に長男が生まれた。本章の主人公、意次である。意次は一六歳の時、吉宗の世子・家重（後の九代将軍）の小姓に召し出された。翌年に父親の死を受けて六〇〇石の遺領を引き継ぎ、延享二年（一七四五）、家重が将軍に就任すると、意次もそれに従って新将軍の小姓となった。意次二七歳。親子二代で将軍の小姓となったわけだ。

意次もまた家重からの信頼が厚かった。家重の将軍就任から六年後、大御所・吉宗が亡くなり、名実ともに家重の時代となるが、この時、意次は家重の御用取次役に任命された。吉宗が将軍就任に伴い新設した、あのポストである。

ここから、意次は出世街道を突っ走っていくことになる。四〇歳になった宝暦八年（一七五八）、遠州相良藩一万石の大名に取り立てられた。

家重は宝暦一〇年に引退するが（翌年死去）、その後を継いで一〇代将軍となる息子の家治に「意次を大事にして用いるように」と遺言したという。家治は父の言葉に従って、意次の御用取次役を留任させた。時に家治二四歳、意次四二歳。家治は、自分よりはるかに年上の父の側近をその後も登用し続けた。

家治は意次の石高を次々と加増し、将軍就任七年後には御用取次役より格上の側用人に任命した。そしてその三年後には側用人のまま、ついに老中に任命した。元足軽の息子が老中に就任するという異例の出世を遂げたのだった。石高もその後、最終的には五万七〇〇〇石となった。

意次＝悪人説は本当か？

この経過を見ると、家治は単に父の遺言を守ったというより、それ以上に意次を積極的に引き上げたと言ったほうが当たっている。江戸時代の側用人と言えば、綱吉時代の柳沢吉保が有名だが、柳沢は老中格・大老格となったものの、正式に老中・大老になったわけではなかった。側用人が老中に就任したのは意次が初めてだ。

だが意次の異例の出世は、同僚や譜代大名たちの嫉妬を買うことになる。そのうえ意次が打ち出す政策の多くは、当時の常識や譜代大名の価値観からは受け入れがたいものであった。そのことが、意次の悪評が広がる一因となる。

田沼意次と言えば、昔から賄賂政治家と言われてきた。しかし歴史学者の大石慎三郎氏は、旗本や大名が書き残した賄賂話を丁寧に検証した結果、いずれも個人的な恨みによるもの、あるいは政敵・松平定信派と目される人物の手によるものであり、「そのどれもが作為された悪評」と指摘している（同氏『田沼意次の時代』）。

一方、九代・家重は言語不明瞭だったうえ大奥に入り浸っていたとか、一〇代・家治も趣味の将棋などに没頭して政治を顧みない暗君だったなどと言われ、意次はそれに乗じて権勢をほしいままにしたと喧伝されてきた。家重・家治＝暗君説と意次＝悪人説はワンセットだ。

しかし果たしてそうだろうか。このあと具体的に見ていくことになるが、意次が行った数々の政策は、当時の経済的苦境の打開につながり得る先進的なものが多い。そして意次がそれらを推進できたのは、家重・家治の後押しがあったからこそだ。意次の政策を高く評価して仕事を任せた家重・家治は決して暗君ではなかったと筆者は思っている。

前章で見たように、吉宗の政策は「緊縮財政・金融引き締め」と「成長重視の積極策・金融緩和」という二つの側面を持っていたが、意次の政策は主としてその後者を受け継ぐものであり、それは時代の変化に対応するものでもあった。

2 転機となった郡上一揆

農民が重税に反発～郡上藩主の依頼で一部幕閣が介入

意次が幕政の中心に登場するきっかけとなったのは、美濃国で起きた郡上《ぐじょう》一揆だった。

吉宗時代に幕府が年貢を引き上げたことから一揆が増えたが、多くの藩でも同じような状況となっていた。特に宝暦年間になると、規模が村単位から藩内全域に及ぶ全藩一揆と呼ばれる大規模な一揆が各地で起きるようになっていた。

こうした中でも特筆されるのが、郡上一揆である。財政難に苦しんでいた郡上藩は、有毛《ありげ》検見法《けみほう》という年貢徴収法を導入する方針を打ち出した。同法はあの神尾春央が考え出したものと言われ、江戸時代の年貢徴収法の中で最も重い方法だったとされている。

これに反発した農民たちは宝暦四年（一七五四）、各村から一〇〇〇人が郡上八幡の城下に集結し、年貢徴収法変更の撤回を求める嘆願書を藩に提出した。このような行動は強訴と呼ばれる。これが郡上一揆の始まりとなった。

当初、藩は農民の要求を受け入れたが、後になってこれを否定し、今度は幕府の美濃郡代が庄屋を集めて新徴収法の実施を申し渡した。実は藩主・金森頼錦《よりかね》は老中の本多正珍《まさよし》や若年寄の本多忠央《ただなか》と縁戚関係にあった。後に明らかとなるのだが、この時、頼錦は彼らに協力を頼み、この二人が勘定奉行―美濃郡代のラインで郡上藩のために動いたのだった。

このため農民たちの反発が強まり、一揆の火が燃え広がることとなる。彼らは藩から激しい弾圧を受け、多くの農民が拘束された。獄死したり、恣意的に処刑された者もいる。

農民は代表を江戸に派遣して幕府に窮状を直接訴えようと、老中・酒井忠寄が駕籠で江戸城に登城する行列に駆け寄り訴状を差し出した。この行動を「駕籠訴」という。これをうけ、江戸町奉行による吟味が行われたが結論が出ない。そこで今度は目安箱に訴状を投げ入れた。この時点で、一揆は足かけ五年に及んでいた。

忖度なしで老中などの幕閣を処分

こうした展開に疑問を持った人物がいた。ほかでもない、将軍・家重である。大騒動の背後に幕府要職にある者が絡んでいるのではないかと疑いを持ったらしい。これについて、藤田覚氏は「御庭番により美濃郡上一揆に関する情報収集が行われ、そのなかで幕府の重職が関係している確証（その名前までも）を得たのであろう」と指摘している（同氏『田沼意次』）。

宝暦八年（一七五八）七月、幕府はこの事件を評定所で審議することに決定した。評定所は幕府の裁判に関する最高機関で、老中の指揮の下、寺社奉行、町奉行、勘定奉行、大目付、目付で構成される。

この時、御用取次役だった意次は、審議開始にあたって町奉行を呼び、「将軍の『御疑い』がかかっている事件なので、たとえ要職の者が絡んでいたとしても遠慮なく詮議をするように」と話したという（前掲書）。今風に言えば「忖度なしでやれ」ということだ。

だが実際に老中や勘定奉行などが絡んでいたため、やはり審議は難航したようだ。そこで審議が始まってから二カ月後の九月、家重は意次に評定所への出座を命じた。御用取次役が評定所に加わるのは初めてだ。御用取次役はその名のとおり、将軍と幕閣などとの間を取り次ぐのが役目であり、意思決定機関である評定所のメンバーとなるのは異例のことだった。

ここに、家重の事件解決への強い意思と意次への期待が表れている。これを見ても、家重が暗君だったとは思えない。

同年一〇月、評定所の審議は決した。老中・本多正珍を罷免・逼塞、若年寄・本多忠央や勘定奉行・大橋親義を改易とするなど、幕府最高幹部への処分はまれに見る厳しいものになった。さらに当事者である郡上藩主・金森頼錦は改易、家臣も各々処分とし、農民側も一三人を獄門死罪、そのほか遠島・所払い・過料などとした。

年貢増徴の限界を痛感した意次

これらを忖度なしでまとめた意次の手腕は、将軍の意向がバックにあったとはいえ、並々ならぬものがあったと言えるだろう。しかも評定所の構成メンバー全員が意次より格上なのだから。その剛腕ぶりが、譜代大名の怨みを買い、やがて失脚の一因にもなるのだが、それはもう少し後の話。

ちなみに現在、岐阜県郡上市八幡町では毎年夏に有名な「郡上おどり」が催される。七月中旬から三二日間にわたって開催され、特に八月のお盆の四日間は午前四時頃まで徹夜で踊り続ける壮大なもので、全国から踊り手や観光客が集まり、国の重要無形文化財にもなっている。これは、改易された金森氏の後に領主となった青山氏が、一揆で分断された藩内四民の融和のために始めたと言われている。

ここでもう一つ重要な点は、意次が郡上一揆の審議を通じて、年貢増徴の限界を痛感したことである。このことが、意次が数々の新政策を打ち出すきっかけにもなっている。

3　意次の政策――構造改革で経済活性化を狙う

増収策の枠を超えて「米本位経済」からの脱却をめざす

意次はこの頃から幕政の中心を担うようになる。意次がとった政策は、幕府財政の増収策という枠を超えるものだった。主な経済政策は、①商業重視と流通課税②新産業の創出と殖産興業③通貨の一元化④鉱山開発⑤対外政策の積極策――など多岐にわたる。また相良藩主としても、家臣に対し年貢増徴を戒めるとともに、殖産興業策やインフラ整備を進めている。

意次の政策の特徴は、収入源を年貢に頼る「米本位経済」から脱却し、新たな産業である商業・金融の発展や殖産興業によって経済活性化と財政立て直しを図ろうとしたことだった。既存の常識に縛られず、時代の変化をとらえた大胆な改革だったのである。現在になぞらえれば、成長戦略であり構造改革である。実際には失敗したものも少なくなかったが、後の近代化につながるものも含まれている。

それでは具体的に見ていこう。

〝田沼構造改革〟その1――商業重視と流通課税

元禄期以降、幕府は財政の悪化に対応し、まず荻原重秀が出目を狙った元禄改鋳を行い、次いで正徳期には新井白石主導による緊縮財政、そして享保期には吉宗の新田開発と年貢増徴など、さまざまな財政立て直し策がとられてきた。それぞれ一時的には効果があったものの、根本的な解決には至らず、財政悪化は慢性化していた。

そこで意次は吉宗時代の倹約・歳出抑制策は継続しつつ、成長著しい商業や金融業に課税して幕府の収入を増やすという政策を打ち出した。具体的には、商人たちの業種や商品ごとに幅広く株仲間を公認して、その代わりに運上金または冥加金を納めさせた。

株仲間は、吉宗時代に「米価安の諸色高」と言われた物価高を抑えるため、商人たちに特権を与える代わりに物価統制に従わせる狙いで公認したものだが、意次はより多くの業種で株仲間を結成させ、それを利用して課税することにしたのだ。田沼時代に公認された株仲間は、両替商や質屋、菜種問屋、綿実問屋、油問屋、酒造、さらには飛脚、菱垣廻船問屋など幅広い分野に及んでいる。

田沼時代の経済政策の古典的研究書である『転換期幕藩制の研究』（中井信彦著）によると、大坂では宝暦末年（一七六四）から安永年間（〜一七八一）までに、幕府が公認して冥加金を上納させた株仲間が一二七にのぼったという。

株仲間からの課税金額は幕府財政全体から見れば、それほど大きいものではなかったが、年貢以外の収入源を広げようという意図があったことは明白だ。しかもそれは単に「増収策」という次元にとどまらず、米中心の経済から商品流通の発展という変化に対応した構造改革政策だったという点に、その意義がある。

これは他の政策にも共通する視点だ。一例として印旛沼干拓事業がある。同事業は一般的には新田開発が目的と理解されているが、実は〝流通革命〟の狙いも込められていた。北方や太平洋側からの物資を船で江戸に運ぶには房総半島の外側を回り込む必要があるが、意次は印旛沼の干拓と同時に幹線運河を造成して流通経路を大幅に短縮することを考えていたという。計画は実現しなかったが、意次が流通を重視していたことを表している。

〝田沼構造改革〟その2――新産業の創出と殖産興業

改革の第二の柱は、新産業の創出と殖産興業である。その一つが朝鮮人参の国産化だ。朝鮮人参（現在の一般的な呼称は高麗人参）は難病に効くとされていたが、輸入物で高価だった。すでに吉宗は、朝鮮から輸入した種を幕府の薬園で栽培することに成功していたが、一般に普及するには至っていなかった。

そこで意次は江戸・飯田町に人参製法所を新設し、当時「人参博士」と言われていた田村藍水という本草学者を幕臣に登用して、その責任者に任命した。藍水は関東や信濃、陸奥などに出張して、新たに希望する各地の農家に種を頒布して栽培指導を行うとともに、それらを買い上げて人参製法所で薬として製造した。

幕府は藍水門下の医師も製法見習いに任命し、製法所でつくられた人参を治療に使わせた。いわば臨床実験である。販売についても関東や大坂などの三四軒の薬種商を指定し、製造から販売に至る専売制を確立している。

意次は、朝鮮人参国産化の意義について幕府奥医師たちにこう説明している。

「朝鮮人参は国産化すれば安くなり、人々が服用できる。国産人参の効能を調べたところ、朝鮮産人参と変わらないことが確認された。ところが、国産人参の効き目は薄い、と一部の医者たちが言いふらしている。デマ宣伝に惑わされず、国産人参は人々を救済するための薬

であり、効能は朝鮮産人参にそん色ないことを理解せよ」（藤田覚『田沼意次』前掲書＝引用の一部省略）

ここからは、既存の医師の間に国産化への抵抗があったこと、意次がそれに立ち向かって朝鮮人参国産化を推進していたことがうかがえる。この、いわば既得権益を打破して改革を推進するという点が、〝田沼構造改革〟の特徴の一つだ。

意次に登用された田村藍水はこのほか、綿羊を飼育して毛織物の製造を試みたり、オランダから薬草や野菜の種を輸入して栽培するなど、多くの分野で新産業創出に取り組んだ。

藍水はオランダからの輸入に頼っていた白砂糖の国産化のため、甘蔗《かんしや》（サトウキビ）の栽培・製造の普及にも一役買っている。藍水の委託を受けた武蔵国大師川原村（現・神奈川県川崎市）の名主・池上幸豊は関東や畿内各地の村々を精力的に回って、甘蔗砂糖の製法を伝授していった。

池上は、呉服橋の田沼屋敷で砂糖製造の実演まで行っている。意次は池上や藍水を支援し、各地で甘蔗の栽培が増えていった。大坂では本田畑で栽培するまでになったという。

一方、農村では米以外の作物栽培が増え、各種の商品作物を加工し商品化する農村工業が盛んになっていた。

前述の商業重視も含め、これらはいわば成長戦略だ。企業で言えば、新規産業や成長の見込める分野に経営資源をシフトさせて事業を伸ばす経営である。

平賀源内を支援、近代化へのタネをまく

ところで、田村藍水の弟子だったのが、有名な平賀源内だ。彼もまた意次の殖産興業政策に大きな役割を果たしている。

源内は讃岐高松藩の足軽の家に生まれ、長じて同藩に仕えていたが、長崎や大坂、江戸などに遊学し、藍水の門下生となって本草学を学んだのをはじめ、儒学、蘭学、地質学などを幅広く習得した。

その間に高松藩を辞し浪人となっていたが、各地で入手した特産物をもとに、物産会をたびたび開催した。現代の博覧会あるいは見本市のはしりと言える。意次はそのような源内を知り、支援するようになる。宝暦末期の一七六〇年前後のことと思われる。

明和七年（一七七〇）には、源内は二度目の長崎遊学で鉱山採掘や精錬についての知識と技術を習得している。長崎遊学後は、摂津、大和吉野、秩父などで鉱山の調査・開発を行い、さらに秋田藩に招かれ院内銀山と阿仁銅山の開発について指導するなど、精力的に活動した。

その後、源内は安永五年（一七七六）、エレキテルをつくり、評判となる。深川清住町の

源内邸には、大名から町人に至るまでの多くの人が、話題のエレキテルを一目見ようと押しかけた。その中には、意次の二人の息子や側室の姿もあったという。

源内は多彩な才能を発揮しているが、蘭学者でもあった。杉田玄白らが「解体新書」を発刊する際に協力している。

意次はこうした民間の人材を支援しながら、彼らから新しい知識や知見を取り入れ新政策に活かしていた。特に蘭学は、医学だけでなく、新産業創出や殖産興業に必要な技術や知識を提供してくれる学問でもあった。そうした蘭学を意次は積極的に奨励した。そのおかげで蘭学は発展を遂げ、やがて幕末に至り近代化への扉を開く重要な役割を果たしたのである。

〝田沼構造改革〟その3――鉱山開発

意次は鉱山開発にも力を入れた。

当時、幕府にとって銅と銀の確保が重要な課題となっていた。銅は中国（清）とオランダ向けの主要な輸出品だった。一方、銀は江戸初期から海外への流出が続いていたため、銀貨を鋳造するうえで銀の不足が深刻になっていた。

江戸時代の貨幣は金貨、銀貨、及び銅銭の三貨体制だったため、金、銀と並んで銅の確保は不可欠だった。またその頃になると、幕府は銅の不足をカバーするため、真鍮（銅と亜鉛の合金）や鉄で銭貨を鋳造し始めている。それは同時に、鉄や亜鉛なども含め幅広い鉱物資源の開発の必要性を高めることになった。

そこで幕府は宝暦一三年（一七六三）、銅山の新規開発と休業銅山の再開発を命じる触書を出し、四年後には、金・銀・銅をはじめ鉄や鉛などさまざまな鉱山の新規開発と再開発についての出願手続きを定めた。こうした幕府の鉱山開発奨励策によって、鉱山開発ブームが巻き起こったという。

源内が意次の支援の下で鉱山開発に奔走したのも、このような背景があったのである。当時、鉱山開発ブームに乗って一儲けを企てる人たちを指す山師という言葉が広がり、意次の政策に便乗して利益を追求しようとする人たちのことも山師と呼ばれたが、源内は自分のことを「大山師」と言って自慢していたという。

幕府は明和三年（一七六六）には大坂に新たな銅座を開設し、各地で採掘された銅を集めて独占的に販売する専売体制もつくっている。大坂の銅座はすでに元禄期に設立されていたが、経営が安定せず閉鎖されていた。これを再開させるとともに機能を強化したもので、明治維新後に廃止されるまで事業を継続した。現在の大阪市中央区今橋の一角には「銅座の跡」の石碑が建っている。

〝田沼構造改革〟その4――通貨の一元化をめざした金融政策

吉宗が金融引き締めから金融緩和に転換したことは前章で述べたとおりだが、意次は新たな金貨鋳造は行わず、吉宗後半期の金融緩和政策を継続した。

注目されるのは、新たに明和五匁銀、南鐐二朱銀という二種類の新しい銀貨を鋳造したことだ。

江戸時代の通貨は、当初は金一両＝銀五〇匁＝銭四貫文が公式レートとなっていた。だが実際には、主として江戸など東日本では金、大坂など西日本では銀を中心に取引され、金と銀の交換レートは日々変動していた。趨勢としては金高・銀安の傾向が続き、元禄時代に公式レートが金一両＝銀六〇匁に改定されたが、それも一つの目安であり、銀はさらに安くなることも多かった。

だが商品経済の発展によって経済圏が全国単一化するにつれて、こうした各通貨がバラバラな状態は、弊害が目立つようになっていた。

そこで幕府はまず、明和二年（一七六五）に明和五匁銀の鋳造を開始した。その特徴は、表面に「銀五匁」と表記されたことだ。それまでの江戸時代の銀貨にはその単位価値が表記されておらず、重量（量目）によって価値が決まる秤量銀貨だったが、ここに初めて単位価値が明記されたのだ。これは計数貨幣と呼ばれる。これにより、五匁銀一二枚で金一両とし、「金一両＝銀六〇匁」という公式レート通りに金貨と連動させたのだった。

大石慎三郎氏は「（田沼時代には）米遣い経済社会というより銭（貨幣）遣い経済社会に移行していた。（中略）このような時代の要求に応えるものとして打ち出されたのが、通貨銀を通貨金に直接的に連動させた明和五匁銀であった」と、その意義を強調している（同氏『田沼意次の時代』前掲書）。

ところがこれに両替商たちが強く反発した。彼らは金と銀の交換レートの変動を利用して利ザヤを稼いでいたからだ。このため明和五匁銀はほとんど流通しなかった。

しかし意次はあきらめなかった。その七年後の明和九年、今度は南鐐二朱銀という新たな銀貨を発行した。

その表面には「以南鐐八片換小判一両」、南鐐二朱銀八枚で小判（金）一両に交換すると刻印が打たれている。当時、二朱判という金貨が流通しており、その八枚が小判一枚（一両）に相当した。したがって南鐐二朱銀に、金貨である二朱判と全く同じ価値を持たせたのだ。しかも、「朱」は金貨の通貨単位であり、それを銀貨の名称に使った。通貨の一元化をさらに前進させたのである。

これにも両替商らは反対した。だが一枚が一両の八分の一という金額の手頃さ、金貨（一両小判）より小型で軽量、そして何よりも秤量銀貨である丁銀のように重量をいちいち量る手間もいらないなど、使い勝手もよかった。そのため、南鐐二朱銀の流通は徐々に拡大するようになっていく。これは結果的に金融緩和効果も生むこととなった。

この経過から、二つのポイントが見えてくる。

第一は、意次は賄賂を受け取るなど商人と癒着していたとのイメージが強いが、通貨政策に関する限りは、既得権益を守ろうとする両替商などと闘っていたということだ。この構図は、朝鮮人参国産化で見られた一部医師の抵抗と同じだ。改革を進めるためには、いかにして既得権益を打破するかがカギとなる。これは現代でも変わらない。

第二のポイントは、江戸時代で初めて通貨の一元化という金融政策を打ち出したことだ。南鐐二朱銀の発行には「出目を得る」という動機があったが、それでも金貨と銀貨の交換レート固定化を打ち出したことは、従来の通貨制度を改革するという明確な意思があったと見ることができる。同時にそれは、近代化への端緒を開いたという点でも重要だ。ここにも、意次の先見性が表れている。

〝田沼構造改革〟その5――積極的な対外政策

意次は対外政策でも、従来の幕府には見られなかった積極策を打ち出している。蝦夷地開発とロシア貿易の試みである。

当時、ロシアは千島列島に沿って南下を進めており、安永七年（一七七八）にはロシア船が納沙布《のさっぷ》岬まで進出し、松前藩に交易を要求する事件が起きていた。幕府はこうした動きに対応することが必要になっていた。

経済的にも、二つの要因から蝦夷地へのニーズが高まっていた。

一つは、関西地方で盛んになっていた綿栽培の金肥（おカネを出して購入する肥料）の原料として、蝦夷地産の鰊や鱒の脂を絞った〆粕への需要が高まっていたこと。国民的衣料となっていた木綿の原料である綿の栽培は重要産業の一つに発展しており、それを支える肥料の供給地として蝦夷地がクローズアップされてきたのだ。

もう一つは中国で高級料理用としてナマコ、アワビ、ふかひれなどの「俵物《たわらもの》」への需要が増大し、幕府が輸出に力を入れたことだ。その産地として蝦夷地が注目されるようになっていた。

意次が動くきっかけとなったのは天明三年（一七八三）、仙台藩の江戸詰め藩医で蘭学者でもあった工藤平助が『赤蝦夷風説考』を著し、意次に献上したことだった。

当時すでに全国的に名を知られる存在となっていた平助は、数多くの大名やその家臣、長崎通詞の幕府役人、杉田玄白や前野良沢をはじめとする蘭学者など多彩な交友関係を築いており、松前藩士とも交流を深め蝦夷地の事情にも通じていた。そんな中で、田沼家の用人もしばしば工藤邸に出入りしていたという。

ある時、田沼家用人が「わが主人の願いは、永く後世の人のためになることをやっておきたいということだ」と言うので、平助は「ならば蝦夷を開発して貢物をとる工夫をされるとよいだろう」と答えた。それに納得した用人は「あらましを主人に伝えたい。その構想を一冊の本にまとめて提出してほしい」と要望したという（藤田覚『田沼意次』前掲書）。

このやり取りからは、意次が幅広い人的ネットワークを持ち、その知見を政策立案に活かしていた様子を垣間見ることができる。そんなところが、意次の先進的な政策を生むことにつながったのだろう。

さて、平助は『赤蝦夷風説考』で、ロシアという国の地理と歴史、特に南下の実情を説明して、このまま放置すれば蝦夷地をロシアに奪われてしまうと警鐘を鳴らした。そのうえで蝦夷地を開発してロシアと交易し、日本の富国を図るべきだと提言した。

これを読んだ意次は、勘定奉行の松本秀持《ひでもち》に検討を命じた。松本は平助をたびたび呼んで蝦夷地開発の具体策について意見を聴くなどして幕府の方針をまとめた。その内容は、蝦夷地で鉱山開発を進め、そこで産出される金銀銅をもとにロシアと交易し利益を得ることをめざすというもので、まずは調査団を派遣することになった。

天明五年、幕府から派遣された一〇人はまず松前に向かい、同地で松前藩の案内役の藩士や医師、通詞などと合流、東蝦夷調査隊と西蝦夷調査隊の二手に分かれて松前を出発した。東調査隊は東蝦夷から国後島まで渡り、西調査隊は西蝦夷から樺太までへ行っている。

このような調査は幕府始まって以来の歴史的なものだった。一〇カ月近くに及ぶ調査を行った調査団は翌天明六年二月に報告書を松本に提出したが、そこには広大な新田開発案が示されていた。蝦夷地本島の一〇分の一の土地で新田開発が可能とし、その石高は、単位面積当たりの収穫量を内地の半分と仮定して五八三万石にのぼると推計している。当時の幕府の石高四〇〇万石余りより多いことになり、日本全体の約三〇〇〇万石の二〇％に相当する計算になる。

何とも壮大な開発構想だが、これはさすがに現実的なものではなかった。結局その年の八月、意次が失脚したため、蝦夷地開発計画も中止となった。

それでも、蝦夷地の実情を把握したことの意義は大きく、その成果は後に活かされることとなる。

意次が蝦夷地開発とロシアとの交易を計画していたことは、長崎貿易の積極姿勢や蘭学の奨励なども併せて考えると、今で言うグローバルな視野も持っていたと解釈できる。事実上「開国」の第一歩となったかもしれなかったのである。

4 意次失脚――構造改革の終焉

だが、田沼政権の末期になると、構造改革の推進力にはかげりも見え始めていた。

天明六年（一七八六）の貸金会所構想の頓挫はその一例だ。構想の内容は、まず全国の寺社や農民、町人に各身分に応じて五年間、御用金として拠出させ、それに幕府も出資して大坂に貸金会所を設立する。貸金会所は、融資を希望する大名に年七％の金利で貸し付け、農民や町人が拠出した資金は五年後に利子をつけて償還する、というものだ。

これは、当時起きていた天明の大飢饉の影響などで財政難に陥った大名の救済が主な目的だった。七％の貸出金利は当時としては低かったため大名にとって借りやすかったし、拠出した御用金は五年後には利子付きで戻ってくるというメリットがあった。現在の国債を先取りするような仕組みで、先進的だったと言える。

だが、農民や町人たちの目には、負担増加としか映らなかった。結局、この構想は実現する前に中止に追い込まれた。

そして田沼時代は突然終焉を迎えることとなる。

貸金会所構想が頓挫した天明六年の八月二七日、意次は老中免職となったのである。形と

【図表10】田沼時代の主な改革政策

財政政策	倹約・歳出削減を維持だが、年貢以外の収入増を重視 流通課税、鉱山開発による収入など
商業重視と流通課税	商業重視、育成・発展図る ・株仲間の奨励、冥加金・運上金の課税 ・印旛沼干拓（物流改革の意図があった）
新産業創出と殖産興業	輸入物の国産化 ・朝鮮人参の国産化 ・オランダから薬草・野菜の種を輸入・栽培 ・サトウキビ栽培、白砂糖の国産化 綿羊を飼育、毛織物製造めざす 平賀源内など“ベンチャー”を支援
鉱山開発	各地で金・銀・銅・鉄・亜鉛などの鉱山開発 大坂に銅座を開設
金融政策	吉宗による元文改鋳以来の金融緩和を継続 通貨の一元化 ・明和五匁銀を鋳造（初の計数銀貨） ・南鐐二朱銀（金貨の二朱判と同価値）→金融緩和効果
対外政策	蝦夷開発へ調査団派遣 長崎貿易で輸出拡大図る

出所：各種資料をもとに筆者作成。

しては本人が病気を理由に老中の辞職を願い出たことになっているが、事実上の罷免だった。実はその二日前の八月二五日に将軍・家治が亡くなっている。公表されたのは九月八日で、将軍の死を秘匿している間に罷免されたことになり、きわめて不自然だ。将軍の死という機会をとらえた意次追い落とし、一種のクーデターだったのだ。

それだけでは済まなかった。意次はその後二度にわたる減封処分と隠居・謹慎を命ぜられ、田沼家は一万石で陸奥信夫郡下村（現・福島市）に転封となった。意次は天明八年、失意のうちに江戸で死去する。七〇歳だった。

ではなぜ意次は失脚し、その政策が否定されたのか。それはまさしく、意次の政策が当時の武士の伝統的な価値観、特に譜代大名など門閥層の利害と相容れない大胆な改革だったからだ。これに意次の異例の出世への嫉妬も重なり、天明の大飢饉など打ち続く自然災害も「田沼の悪政が原因」とされた。

　賄賂政治家との悪評が広がったのも、そのことが一因となっている。最近ではかなり再評価が進んでいるが、それでもまだ汚名が十分に返上されたとは言えない状態だ。

　これまで見てきたように、意次の政策は時代を先取りしたものが多く、時代の歯車を前へ進めようとするものだったのである。それは、行き詰まりを見せていた「米本位制」という経済構造を変える可能性を持っていた。

　もし田沼時代がもっと長く続いていたら、あるいはもし意次の政策が次の政権に引き継がれていたら、日本の近代化や開国はもっと早く始まっていたかもしれない。

　余談になるが、五万七〇〇〇石から一万石へと大幅減封となった田沼家では、家臣の削減と組織再編が必要となった。そこで、藩政の最高幹部である家老（二人）と用人（三人）を、選挙で決めたという。各藩士が候補者一八人のうちから意中の人物の名前を投票用紙に記入し、投票人の印を押して封をする記名投票だったそうだ（藤田覚『田沼意次』前掲書）。なんとも驚きだが、こんなところに意次と田沼家の開明的な気風の一端がうかがえる。

第七章　「寛政の改革」——超緊縮で危機の乗り切りを図るが……

1　田沼意次と松平定信の命運を分けた天明の大飢饉

餓死者は数十万～百万人か——米価高騰、打ちこわし

田沼意次の失脚の決定打となったのが、天明の大飢饉だった。天明二年（一七八二）から同八年まで足かけ七年に及び、被害の大きさと社会的な影響の大きさにおいて江戸時代でも最大級の飢饉となった。

飢饉が始まった天明二年は意次の全盛期だった。だがその年から天候不順により米が不作

となって飢饉が発生した。

続いて翌年の四月から七月にかけて浅間山の大噴火が起きた。同じ年には岩木山でも噴火があったほか、アイスランドの火山が巨大噴火を起こしている。噴出した膨大な量の火山ガスが成層圏まで達して北半球全体を覆い、地球的な規模で低温化をもたらしたと考えられている。

その影響で天明三年の夏、東北では暑い日がほとんどないような冷夏となり、米が大凶作となった。こうして飢饉が深刻化した。弘前藩（津軽藩）では餓死者が十数万人に達し、盛岡藩（南部藩）では人口の四分の一に当たる七万五〇〇〇人が餓死したという。餓死者の総数は数十万人とも百万人とも言われる。

飢饉の影響は都市部にも広がった。米価の高騰である。

飢饉が起きる前年の天明元年の年末、一石当たり五二・九匁だった大坂の米価（銀建て）は、飢饉の起きた天明二年の年末に七二・二匁（前年比上昇率三六・五％）、同三年に九四・二匁（同三〇・五％）となり、二年で二倍近く跳ね上がった。

その後はいったん落ち着いたものの、天明六年から再び上昇し、同年末には九七・六匁と、年末値としては最高値をつけている（深尾京司他編『岩波講座日本経済の歴史2・近世』）。

幕府は、商人に米や各種商品の買い占めを禁止する命令を出し、江戸や大坂では町民に

「お救い米」を支給するなどの緊急対策を実施したが、後手に回っていた。

そのため幕政の実権を握っていた意次に対する批判が高まった。意次が天明六年八月に免職となったのは、そのようなタイミングだった。

ただその時点では、幕閣の主要メンバーはほとんどが田沼派だった。意次は老中免職後も彼らを通じて一定の影響力を残しており、巻き返しを図ろうとしていた。一方、松平定信を中心とする御三家・御三卿・譜代などの門閥層や有力大名たちは田沼派の一掃を狙い、田沼派と反田沼派の暗闘が翌年にかけ一年近く繰り広げられた。

このような、いわば政治空白のさ中、両派の勝敗を決定づける出来事が起きる。「天明の打ちこわし」である。天明七年五月、大坂で打ちこわしが起き、またたく間に全国に波及、江戸でも大規模な打ちこわしが起きた。

大勢の町民などが江戸の各所で米問屋や商家を襲って門塀や家財道具を壊したり、米や大豆などをぶちまけるなどして、騒乱状態が数日間続いた。被害に遭った商家は五〇〇軒とも七〇〇軒とも言われる。

まさに幕府の足元を揺るがす大事件となったのだった。

素早い対応で飢饉を乗り切った白河藩主・松平定信

田沼派は打ちこわしの責任を問われ、反田沼派の勝利が確定的となって定信の老中就任が決まった。打ちこわしが起きた翌月、天明七年（一七八七）六月のことだ。これは、彼自身が奥州白河藩主として飢饉への対応で成功していたことが決め手の一つとなった。

白河藩では天明二年から凶作となり、打ちこわしも起きた。一方、同藩は越後にも分領を持っており、そちらは魚沼など比較的肥沃な農地が多く飢饉の被害が比較的少なかった。そこで定信はただちに越後の分領から米一万俵を白河に送らせた。続いて大坂でも買い付けるなどして大量の米を確保し、飢饉の進行に備えた。

これは実は、他の多くの東北諸藩の動きと全く違っていた。諸藩は飢饉発生の初期、大坂の米市場で米価が値上がりしたのを見て、藩内の米を大坂に回して利益を得ようとした。そのため、飢饉が深刻化した時には藩内に米がない状態となり、多数の餓死者を出す悲惨な状況となったのだ。だが白河藩では一人の餓死者もいなかったという。有事の際の的確な情勢判断と迅速な行動など、初動がいかに重要かを示している（ちなみに東北の藩で他に餓死者ゼロだったのは、上杉鷹山率いる米沢藩だけだったと言われている）。

こうして危機の最初のヤマ場は乗り切ったものの、飢饉はまだ続く。そこで、藩内の豪農や豪商に米や金を拠出させて領民への救済金を支給した。さらに飢饉への耐性を強めるため、田畑の開墾を進めて食料増産を図るとともに、宇治から茶の種を取り寄せたり、田の肥やしになるレンゲソウの栽培を奨励するなどの対策も進めた。

定信の評判は一気に高まった。定信が参勤交代で江戸に出府すると、危機対応の〝成功の秘訣〟を聞こうと多くの大名が訪ねてくるようになり、交友関係が広がっていった。それは次第に田沼政治に不満を抱く譜代大名などのグループとなっていった。この勢力が中心となって意次を失脚させ、定信を老中に押し上げることになるのである。

サラブレッド・松平定信、老中へ

定信の実父は、吉宗の次男で御三卿の一つ・田安家の祖となった宗武で、定信は吉宗の孫に当たる。

御三卿とは、吉宗が長男・家重を将軍の後継者にした後、次男・宗武を田安家、四男・宗尹《むねただ》を一橋家、そして家重が次男・重好を清水家としたことで成立したもので、徳川宗家に後継がいなくなったら御三卿のうちから将軍を出す分家とした。家康が御三家体制を創設したのに倣ったものだ。

定信は、幼少の頃から聡明で知られていたという。宗武の七男だったが、兄のほとんどはすでに早世し、嫡男も病弱だったことから、いずれ田安家の当主、さらには将軍候補にもなり得ると目されていた。

だが定信は一七歳になった安永三年(一七七四)、白河一一万石の藩主・松平定邦の婿養子となる。いずれ将軍になれるかもしれない立場から、小藩の一大名の養子に出されたわけだ。これに意次が絡んでいたとされる。

意次は、御三卿のもう一つ、一橋家の二代目当主・治済《はるさだ》と親交が深かった。治済も吉宗の孫で、定信と従兄弟同士だが、自分の長男・豊千代(後の一一代将軍・家斉)をいずれ将軍にしたいとの野心を持っていたという。そのためライバルになりそうな定信を養子に出す工作を行い、老中の意次がそれに協力したと言われている。このことが、定信が意次に敵意を持つ最初のきっかけになったようだ。

そして事は治済の思惑通りに進んでいく。実は、当時の一〇代将軍・家治には家基という息子がいて、すでに次期将軍に決まっていた。ところが、安永八年、家基が一八歳の若さで急死したのだ。

あまりにも突然だったため、治済による毒殺説もささやかれている。真偽は不明だが、家基の死によって、家治の後継ぎは当時九歳の豊千代と決まった。それに伴い豊千代は名を家斉に改める。そして天明六年(一七八五)、家治が死去し、翌年四月ついに家斉は将軍となった。治済は、長男を将軍にすることに成功したのだった。

さて当初は協力関係にあった意次と治済だったが、治済はいつの頃からか、ライバルだったはずの定信と連携し、意次追い落としに動くようになる。前章で見たように意次の政策が治済ら門閥層にとっては受け入れがたいものになったことが大きな理由と考えられる。それが、治済と定信を結びつけることとなったのだ。

そして天明六年八月に意次を老中免職に追い込んだ。だがその後は一年近くにわたり田沼派と反田沼派の暗闘が続いたことは前述のとおりで、このような政治抗争は江戸時代を通じても珍しい。

2　定信の経済政策――「反田沼」と「先祖返り」

意次への追加処分と田沼色の一掃

こうして天明七年（一七八七）六月、定信は老中に就任した。時に三〇歳。新将軍の家斉はまだ一五歳であり、定信は事実上の政権トップの座に就いた。

定信がまず行ったのが、意次への追加処分と田沼色の一掃だった。

定信の老中就任の時点では、意次は老中免職と減封になったとは言え、三万七〇〇〇石の大名の身分にとどまっていた。定信はそれを許さなかった。同年一〇月、意次に相良城を没収のうえ隠居・謹慎を命じ、さらには没収した相良城の建物から石垣の一つ一つに至るまですべてを破却させた。江戸時代に大名改易は数多くあったが、ここまで城を徹底的に破却したのは例がない。田沼の痕跡そのものを消し去ろうとしていたように見える。

政策面では、田沼時代の政策を転換するとともに、賄賂の禁止、質素倹約の徹底と統制強化、農村復興などを次々と打ち出していった。その主なものを見ていこう。

倹約の大号令、四二%歳出削減の超緊縮予算

まず、質素倹約の徹底を柱とする超緊縮政策だ。

当時の幕府財政の状況を見ると、吉宗時代末期に一八〇万石の最高を記録した年貢収納高はその後は漸減傾向となっていたが、それでも安永年間（ほぼ一七七〇年代）には一五〇万石余りで推移していた。ところが天明の大飢饉の第一波となった天明三年（一七八三）に一二九万石に急減した。その後やや持ち直したものの、次のピークとなった天明六年にはさらに一〇八万石まで落ち込んでいる（大野瑞男『江戸幕府財政史論』）。

天明七年に老中に就任した定信は、幕府財政の深刻さを知って愕然とする。その時の様子について、定信は自伝『宇下人言《うげのひとこと》』で次のように書いている。

「勘定奉行に財政状況を尋ねると、凶作と将軍・家治逝去のため入用が多く、一〇〇万両の

不足が見込まれると言う。老中一同みな初めて聞いて驚くばかりだった」（筆者が現代語訳）。

この時、幕府の金蔵には八一万両しか残っていなかったという。明和七年（一七七〇）には三〇〇万両もあったものが、年々減少していたのだ。

そこで定信は、向こう三年間の厳格な倹約を命じる大号令を発した。倹約令は吉宗時代や田沼時代にも発令されているが、定信のそれはより厳しい内容だった。倹約令の翌天明八年（一七八八）、歳出（金での支出分）を前年の二四〇万両から一四〇万両へと、四二％も削減する予算を策定。実際の歳出は予算より一九万両余りオーバーしたものの、それでも三四％の大幅削減に成功している（飯島千秋『江戸幕府財政の研究』）。

特に大奥の経費を大幅削減した。かつて吉宗が大奥にメスを入れたことは第五章で見たとおりだが、その後は規模が拡大し生活も派手になり経費が膨れ上がっていた。そのため同年の予算では、大奥経費を吉宗時代の享保一五年（一七三〇）から七〇％削減するという大ナタを振るった（同書）。

奢侈を禁止、消費抑制と統制強化

倹約令は幕府の歳出削減にとどまらず、一般庶民の衣食住にわたっても厳しく定め、広く世の中全体の奢侈を抑えることを狙いとしていた。ここに、定信政治の一つの特徴が表れている。

定信は自著『物価論』の中で「生活全般が奢侈となったことにより、物をつくらない町人が増えたり、生活必需品の消費が増えたり、商人が利益の計算に聡く、利益をえるためにあらゆる知恵や手段を用いる悪い風潮を生み出しており、すべての物価騰貴をもたらした根源は奢侈である」としている（高澤憲治『松平定信』）。

ここには「そのような風潮をつくったのは田沼意次」との批判が込められているのだが、奢侈的な消費を抑えるため、華美な箔類の団扇や紙煙草入れの製造を禁止するなど事細かに統制令を頻発し、大きな雛人形や銀製キセルを販売した商人を処罰もしている。

風俗や娯楽への取り締まりも強化した。中でも象徴的なのが、浮世絵の版元・蔦屋重三郎の処罰だ。田沼時代には自由な雰囲気が広がる中で浮世絵や洒落本、狂歌などが流行し、重三郎はヒット作品を次々にプロデュースして巨万の富を築いていた。定信は、山東京伝が出版した洒落本が風俗を乱したとして摘発、本を出版した重三郎に財産の半分没収という厳しい処罰を下した（だが重三郎はそれにもめげず、その後も喜多川歌麿や東洲斎写楽などを世に送り出している）。

高澤氏によると、定信は「倹約令や風俗統制令を発令すると江戸の景気が悪化し、それにより帰村者が増えれば、江戸において奉公人の給金が下がり、農村では就農する者が増え、手余り地（耕作が放棄された土地＝筆者注）が復興して生産量が増える。その結果、生産と消費の釣り合いが取れて物価が安定する」と予想していたという（前掲書＝引用の一部省略）。

実際、江戸の景気は定信の予想通り悪化した。だが農村は狙い通りにはならなかった。

米の備蓄と増産で農村復興めざす――「米本位制」への回帰

農村の復興対策としては、旧里《きゅうり》帰農令が有名だ。当時は飢饉や年貢の取り立てから逃れるため多くの農民が江戸に出て来ていたが、そのうち帰農を望む者に旅費や農具代などを与えて帰農を促すという内容だ。

定信のシナリオそのものだ。同令は寛政二年（一七九〇）、同三年、同五年の三回にわたって発令されている。だが効果は上がらなかった。もともと江戸に出てきた人たちは農村での生活が行き詰まって出てきたのであって、荒廃した村に帰っても生活再建の見通しなど立たない。結局、同制度で帰農した者は、わずか四人だったという。

一方、荒廃した農地の再開発を促進するため、公金貸し付けを大規模に実施した。幕府直轄領の代官が公金を預かって近隣（大名領を含む）の富裕農民に貸し付け、その利子で農村の再開発などを行い復興を図った。

飢饉への備えとしては、幕府直轄領で村ごとに郷蔵を設置して米や穀類を貯蔵させ、大名には一万石に五〇石の割合で米の貯蔵を命じた。米は、より保存のきく籾で蓄えさせた（囲籾《かこいもみ》）。

農村人口の回復にも力を入れた。間引きを禁止するとともに、児童手当を支給した。当初は、二人目の子どもに一両とし、後に二両に増額している。現在の少子化対策の先駆けのようなものだ。

このほかさまざまな負担軽減策も実施している。いずれも農村の復興が直接の目的だが根底には「米が国家の基本」という定信の思想があった。飢饉への備えという観点からだけでなく「物価騰貴が起きるのも米の生産が足りないからであり、米の生産を増やすことが農村復興の基本だ」と考えた。農本主義、「米本位制」への回帰である。

定信が発した倹約令には、定信の考え方がよくわかる文面がある。

「百姓は、粗末な服を着て、髪は藁で束ねることが古来の風儀だ。ところが近年いつとなく奢《おごり》りに長じ、身分の程を忘れ、不相応な品を着用する者もいる。髪は油元結（髪油をつけて束ねること）を用いるなどしている。（中略）百姓が余業の商い（本業である農業以外の商売）をすることや、村々に髪結い床（髪結いを行う店）があることなどは不埒である。今後は奢りがましきことを改め、質素にして農業に励むように」（現代語訳は筆者）

ここに記されているように、定信は、贅沢禁止とともに、農家は米づくりに専念すべきだとの考えを持っていた。そのため、酒造制限令や商品作物栽培の制限、農業の合い間に商業に携わることの禁止などを打ち出した。

酒造は大量の米を使用するため、幕府は江戸初期から一定の酒造制限を実施していたが、田沼時代には「勝手造り令」によって、代官所や奉行所に届け出すれば新規に酒の醸造ができるようになっていた。だが天明の大飢饉によって米を確保する必要性から、酒の生産量を三分の一に制限していた。

定信は飢饉が収束しても、これを継続させた。定信は「酒は嗜好品であり、物価安定が必要な日用品とは違う」と考えていた。酒造制限は、奢侈制限の一環でもあったわけだ。

商品作物の栽培も制限した。菜種や綿は生活必需品の原料（菜種は油、綿は木綿の着物）として栽培を認めたものの、煙草、藍、桑など幅広い作物を制限の対象とした。

だが商品作物の栽培はすでに広く普及しており、地域によっては特産品や重要な収入源として育っている。定信の目にはそれも田沼時代の悪しき商業主義として否定すべきものと映ったのだろうが、明らかに時代に逆行するものだった。

定信は寛政の改革を進めるにあたり、祖父である吉宗の享保の改革を手本にしたと言われている。だがこれらの農業政策を見ると、家康の時代まで戻そうとしていたとさえ言える。いわば〝先祖返り〟だ。しかし二百年も前の状態に戻すことなどできるはずもなかった。

定信の農業政策には前述のように飢饉への備えや児童手当など、個別に見れば評価すべきものも多い。しかし天明の大飢饉であらわになったように、すでに「米本位制」そのものが矛盾を抱え限界に達していたのだ。

物価上昇についても、定信は商人の買い占めが原因として取り締まったが、より根本的には生活水準の向上によってさまざまな商品への需要が増大するという大きな流れがあった。したがって全体的に供給を構造的に増やすような政策が必要だったのだ。つまり、時代の流れに対応して「米本位制」から脱却して新たな経済体制に移行していくことが必要だったのだが、定信は逆のことをやってしまったのである。

田沼時代の南鐐二朱銀を鋳造停止

経済政策でも、それは同じだった。

まず、南鐐二朱銀の鋳造停止である。前章で見たとおり、田沼時代に鋳造が開始された南鐐二朱銀は、事実上金貨の役割を果たし、バラバラだった金貨と銀貨の一元化をめざしていた。いわば近代化への道を開くものだったが、定信はそれを閉じてしまったのである。

発行済みの南鐐二朱銀については運用を継続した。

だが南鐐二朱銀は使い勝手がよかったこともあって需要が多く、やがて不足をきたすようになる。

また、南鐐二朱銀は銀の含有率が約九八％とほぼ純銀並みに高かったが、含有量は一両相当（八枚）で二一・一匁で、従来の主要銀貨である元文丁銀の銀含有量（一両相当分で二七・六匁）のほうが二三％ほど多かった。このため南鐐二朱銀の鋳造を停止して、そのかわり丁銀の鋳造を増やすことは、銀を二三％多く必要とすることになり、その分、幕府の持ち出しになってしまう。つまり貨幣改鋳によって出目を得るのと逆で、財政の悪化要因となった。金融引き締めの効果も生んだ。

このように、南鐐二朱銀の鋳造停止は現実の経済実態にそぐわない政策であり、時代の流れに逆行するものだった。結局、定信の失脚後に南鐐二朱銀は鋳造が再開される。

これについて近年、「定信は鋳造は停止したが運用は続けていた。西日本での流通拡大も図っており、田沼時代との継続性があった」とする意見が日本史学界では多くなっているように見受けられる。南鐐二朱銀の鋳造停止についても、丁銀の流通減少によって銀相場が上昇したのを是正することが目的で、田沼政治の否定には当たらない、とする。

だが、定信は『宇下人言』で、南鐐二朱銀のことを「姦物」と呼んでいる。このような定信の考え方や当時の政治情勢を見れば、鋳造停止が「田沼政治の否定」という動機によるものだったことは明らかではないだろうか。

ではなぜ運用も停止しなかったかというと、現実にはそれが不可能だったからだ。南鐐二朱銀の普及は進んでおり、それを急に運用停止にすれば経済が混乱することは予想できることだ。したがって運用継続を以て「田沼時代と継続性があった」と言うのは、やや無理があるような気がする。

株仲間への政策――田沼時代と継続性はあったのか?

南鐐二朱銀のほかにも、株仲間の継続、富裕農民層と連携した公金貸し付けなど「田沼時代と継続する政策が多かった」とする学者は少なくない。

たしかに定信時代にも多くの株仲間は存続していた。株仲間を全面的に否定したわけではなく、後の天保の改革のように株仲間の解散令を出したわけではない。だが、実際、定信は一部ではあるが株仲間は廃止しており、意次の肝煎りでつくられた人参座や真鍮座など各種の座も廃止している。何よりも、意次が商業や製造業を発展させて課税するという方針の下で株仲間を奨励したのに対し、定信にはそうした積極的な姿勢は見られない。基本的には抑制のスタンスである。

そもそも定信は朱子学をバックボーンとし、商業は最も卑しいものとの考えを持っていた人である。意次を失脚に追い込んだのも、「卑しい商業を重視し商人と癒着しているのは許せない」という点が大きな理由の一つになっていた。

では、なぜ定信は株仲間を全面的に解散させなかったのだろうか。それも、南鐐二朱銀と同様で、現実の経済を無視できなかったからだろう。株仲間を通じて物価抑制や流通の統制などに協力させる狙いや、株仲間からの運上金・冥加金などへの期待もあったと思われる。「背に腹は代えられぬ」ということだったのだろうか。

歴史学者の間で「定信の政策は田沼時代と継続するものが多かった」との意見が増えているのは、近年になって田沼政治への評価が高まっていることの裏返しのように感じる。

3 消極策に転じた対外政策

長崎貿易半減、蝦夷地開発中止継続

では対外政策はどうだったのだろうか。

まず長崎貿易については、田沼政権が積極姿勢をとったのと対照的に、貿易半減令を出した。長崎への中国とオランダの来航を減らさせ、彼らに支払う銅を半減させるというものだ。

当時、主な輸出品であった銅が品不足となっていた。その反面、定信は輸入品について、

書籍や薬以外は「玩器」（おもちゃ、なぐさみの道具）だと評していたという。そのようなものと貴重な銅との交換に批判的だったことから、貿易半減が発令された（高澤憲治『田沼意次』前掲書）。ここに、定信の消極的な貿易観が表れている。

一方、蝦夷地対策については前章で見たとおり、意次はロシアとの交易をめざして大規模開発計画を打ち出し調査団を派遣したものの、失脚によって計画が中止となった。ところが定信の老中就任の翌々年（寛政元年・一七八九）、クナシリとメナシ（現在の北海道羅臼町・標津町付近）でアイヌによる大規模な蜂起が起きた。幕府はこれを鎮圧したが、その背後にロシアの関与を疑った。

定信は、蝦夷地を開発すればかえってロシアに狙われるので、安全のためには未開のままにして松前藩に統治を委任し続けるべきだと主張した。これに対し、側用人の本多忠籌《ただかず》は、蝦夷地を幕府直轄地にしてロシアの南下を防ぐべきだと主張した。この人は古くから定信派の中心メンバーで、側近として寛政の改革を支えた人物だが、この時ばかりは二人の意見が対立した。幕閣の多くも忠籌の意見に賛成したという。だが最終的には、「松前藩が統治を改善する」ことを条件に、定信の意見が幕府方針と決まった。

「鎖国祖法」の起点に

この頃、ロシアをはじめ外国船が日本近海に接近することが増えていた。そのような情勢に対し、定信は鎖国体制を強化する方向に動く。

仙台藩士の思想家、林子平は『海国兵談』を出版し、「日本橋からオランダまで境界のない海でつながっている」として異国の脅威に警鐘を鳴らすとともに、海防の重要性を説いた。これを定信は発禁処分にし、子平を蟄居させた。

同書の序文は、交流のあった工藤平助が書いており、内容も工藤の『赤蝦夷風説考』で書かれた情報を基にしている。その『赤蝦夷風説考』の献策を取り上げた田沼意次、片や『海国兵談』を発禁にした松平定信。この両者が対外政策においても対照的な姿勢だったことがよく表れている。

林子平を弾圧した四カ月後の寛政四年（一七九二）一〇月、ロシアの初の遣日使節としてラクスマンが、漂流民の大黒屋光太夫を連れて根室港に来航した。ラクスマンは漂流民の送還とともに、通商を求める国書（ロシア極東地域を統括するイルクーツク提督の信書）を携えていた。

松前藩から知らせを受けた定信は、交渉役として目付の石川忠房らを派遣、石川らは松前

【図表11】田沼意次と松平定信の経済政策

	田沼意次	松平定信
基本的方向	成長重視、自由放任的	緊縮・統制強化
財政政策	倹約・歳出削減を維持だが、 年貢以外の収入増を重視 　流通課税（株仲間の運上金など）	緊縮財政を強化（緊縮一本やり） 　歳出削減の徹底、綱紀粛正 　民間にも倹約・奢侈禁止
金融政策	元文改鋳以来の金融緩和継続 南鐐二朱銀鋳造	南鐐二朱銀の鋳造中止 →金融引き締め効果
商工業政策	育成・発展図る（重商主義） 　株仲間奨励、殖産興業 　新産業創出	商業蔑視 　株仲間は継続（一部は廃止） 　奢侈禁止、商人取り締まり
鉱山開発	各地で鉱山開発、銅座による専売	新規開発に消極的
農業政策	商品作物の栽培奨励 輸入物の国産化を図る 　朝鮮人参、白砂糖、毛織物など	農本主義、帰農令 　米以外の商品作物栽培 制限 　農家の兼業を禁止
対外政策	蝦夷地開発に積極策、調査団派遣 　ロシアとの交易開始を想定 工藤平助『赤蝦夷風説考』を採用 長崎貿易で輸出拡大図る	蝦夷地開発に消極的 ロシアに「外交禁止は国法」との国書 林子平『海国兵談』を発禁、処罰 長崎貿易半減令
学問・言論	蘭学奨励、自由な出版・言論を容認 →“宝暦・天明文化”の発展	異学の禁、出版統制令、言論弾圧

出所：各種資料をもとに筆者作成。

でラクスマンと会談した。日本側は丁重に対応して会談は穏便に進み、大黒屋光太夫らを引き取ったが、その一方で通商は拒否した。

ここで注目すべきは、わが国にはすでに定められた国以外との外交関係を禁止している「国法」があるとして、その旨を記した「国法書」をラクスマンに渡したことだ。実際にはそのような「国法」はない。だがその後のロシアとの外交交渉や紛争を通じて、いわゆる鎖国が「祖法」、つまり先祖伝来の法とされるようになっていく。

しかし、その鎖国は家光時代から始まったのであり、家康は多くの国と積極的に貿易を行っていたにもかかわらず、祖法は「家康公以来」と言う意味で使われ、その後の幕府の対外政策や幕末の攘夷論に大きな影響を持つようになったのである。

こうして内政と外交政策の両面で、定信は田沼時代の多くの政策を転換して、歴史の歯車を逆回転または止めてしまった。随分と厳しい評価に聞こえるかもしれないが、本書の問題意識は「江戸時代から何を学び、日本経済の再生にどう生かすか」ということである。その観点で定信の政策を見ると、厳しい評価にならざるを得ない。

4 福祉政策の先駆け——人足寄場、七分積金

ただし、だからと言って、定信の政策を全面的に否定するつもりはない。いくつかの農村対策や福祉政策で評価すべきものが少なくないことも事実だ。

その一つが、石川島の人足寄場の開設だ。

当時は、農村の飢饉などのため江戸に出てきた無宿者（農村から逃散したため戸籍のない者のこと）があふれ、治安が悪化していた。そこで、定信は無宿者対策を役人に募ったところ、火付盗賊改方長官・長谷川平蔵（諱は宣以《のぶため》）が具体案を提案した。

そう、あの鬼の平蔵、鬼平である。

平蔵が摘発した事例は数多くあるが、中でも特筆されるのは葵小僧事件だ。葵小僧と名乗る男が率いる一味が江戸市中で強盗を繰り返し、押し入った商家の内儀や娘をいつも強姦す

るという凶悪極まりない手口で、平蔵は一味を逮捕し、ただちに処刑した。正式な取り調べをすることで被害女性の名が記録に残り世間に明らかになるのを避けるためだったという。当時なりの配慮で、こうしたところも江戸市民からの高い人気につながっていた。葵小僧事件のことは池波正太郎の『鬼平犯科帳』にも登場するが、実話である。

平蔵はこうした凶悪犯の摘発に奔走する一方で、軽微な罪を犯した者の更生にも力を尽くした。そして犯罪をなくすためにも、無宿者が生計を立てられるように技能を身につけさせる施設が必要と考えたのだ。

平蔵の提案を定信が承認し、平蔵を責任者とする「石川島人足寄場」を寛政二年（一七九〇）に設置した。当初は五〇〇人の無宿者を収容し、ここで大工、左官、建具、油搾りなど、女性には機織り、裁縫など合わせて三〇種類に及ぶ職業訓練を実施した。毎月賃金を払い、賃金の一部は強制的に積み立てさせ、出所時に一括して手渡し、生活費や起業資金にした。

このような本格的な施設は初めてだった。それまでも無宿者を収容する施設がつくられたことはあったが、逃亡者が続出して短期間で閉鎖されていた。

職業訓練や更生のための施設をつくるという考え方自体、実は当時のヨーロッパでもまだほとんど存在していなかった。世界初と言ってもよい。趣旨は大きく異なるが広くとらえれば、最近注目されているリスキリング（学び直し）にもつながるものと言えなくもない。

平蔵は若い頃、家庭の事情から家を飛び出してグレていた時期があり、世情に通じていた。そうした経験が人足寄場の提案にも活かされたと言えるが、そのような平蔵を定信は評価した。

もちろん定信は超エリートであり、平蔵とは全く経歴が違う。だが定信は朱子学を学び、「仁政」を重視していた。その観点から、福祉対策に力を入れたのだった。

七分積金も、その一例だ。江戸で町内の維持活動費用として地主が納める町入用《まちにゆうよう》（今日の町内会費のようなもの）を引き下げて、その削減分の二割を地主の取り分、一割を各町内で積み立てとし、残りの七割を江戸町会所に積み立てさせた。それで、七分積金という。

江戸町会所は浅草向柳原に設立し、積立金を低利で窮民に貸し付けた。町入用の削減額は年間三万七〇〇〇両、積立金はその七割の二万六〇〇〇両にのぼり、幕府も二万両を補助している。町会所には籾蔵も設置され、必要に応じて米を支給した。

この結果、後の天保の大飢饉の際、江戸では大規模な打ちこわしが起きなかった。幕府は財政難に陥った時も七分積金には手をつけなかったという。

七分積金は幕末まで続き、明治になって東京市に引き継がれたが、その時の残高は一七〇万両に達していたと言われる。その管理を託されたのが渋沢栄一で、彼は東京養育院の設立にその積立金の一部を充てた。養育院は孤児やホームレス、病人などを収容して救済する施設で、渋沢は昭和六年（一九三一）に亡くなるまで院長を務めた。養育院はその後も形を変えて存続し、現在は東京都健康長寿医療センターとなっている。

このように定信の政策は今日の福祉の先駆けとなったのである。

こうして寛政の改革は、さまざまな足跡を残した。だが、倹約や奢侈禁止、風俗統制などはあまりにも厳しすぎた。庶民からの批判も高まり、それに対しさらに出版統制や学問への統制などを強めた。そんな世相を詠んだ狂歌「白河の　清きに魚も棲みかねて　もとの濁りの　田沼恋しき」は有名だ。

定信は政策内容の厳しさとともに何事にも厳格で、もともと定信派だった幕閣との軋轢も起きるようになっていく。そしてついに将軍・家斉との間にも溝が生じることとなり、寛政五年、定信は老中を解任されるに至った。老中在位はわずか六年だった。

第八章　「化政バブル」——〝最後の好景気〟

1　「寛政の遺老」時代——景気低迷が続く

無策が招いた「失われた二四年」

松平定信の老中罷免とともに、寛政の改革は終わりを告げた。ただ後任の老中首座には、定信派の松平信明《まつだいらのぶあきら》（三河国吉田藩主）が就任し、他の老中たちも定信派で占められていたことには変わりなかった。彼らは「寛政の遺老」と呼ばれ、緊縮財政や各種統制令など定信路線を引き継いだ。

寛政の遺老による時代は二四年続いた。定信時代の六年間に比べてはるかに長かったわけだが、そのわりには特筆すべき経済政策があまり見当たらない。厳しく言えば、無策の時期が続いたのである。そのため、寛政の改革によって落ち込んだ景気は、そのまま長期にわたって低迷が続いた。いわば「失われた二四年」になったのだった。

この時代の経済低迷ぶりは、米価の下落がよく表している。定信時代から振り返ってみると、大飢饉による米不足で天明六年（一七八六）には九七・六匁（大坂・一石当たり銀建て、年末値）まで高騰したが、寛政の改革による景気悪化の影響で寛政二年（一七九〇）には五二・四匁まで下落、その後は七〇～八〇匁台まで回復する時期があったものの、文化年間（一八〇四～一八）の大半は五〇匁台で推移していた（深尾京司他『岩波講座日本経済の歴史2・近世　付表』前掲書）。

米価安定の目安とみなされていた六〇匁（一両）を下回る状態が長期間続いていたわけだ。つまりデフレが長期化していたのである。

幕府財政が再び悪化、御用金令を連発

加えて、寛政の改革による緊縮財政策の成果でいったんは持ち直した幕府財政は、この時代に再び悪化した。

この間の幕府金蔵の金銀保有高は、寛政の改革のほぼスタート時期（天明八年・一七八八）には八一万両しかなかったものが、寛政一〇年（一七九八）には一〇八万石に回復していた。ピーク時の三〇〇万両には遠く及ばないが、それでもこの増加は徹底した歳出削減の成果と見ることができる。だが「寛政の遺老」時代になると、収支は赤字に逆戻りし、金銀保有高は文化一三年（一八一六）には七二万石余りと、寛政の改革スタート時より低い水準まで減っている（飯島千秋『江戸幕府財政の研究』前掲書）。

赤字再拡大の要因は、倹約による歳出削減の余地がほとんどなくなってきたこと、後述する蝦夷地開発や海防対策のための出費増加、将軍・家斉による浪費、そして米価引き上げを目的とした米買い上げなどが挙げられる。

これまで見てきたように、米価対策は吉宗時代以来、幕府の財政対策と経済政策の主要テーマだった。寛政の遺老たちも米価引き上げを図るため買い米を行ったのだが、その財源を捻出するため、富裕農民や商人などに対し御用金の拠出をたびたび命じた。こうしてデフレ不況はますます進行し、幕府の経済政策は行き詰まりを見せていた。

2　文政のリフレーションで〝最後の好景気〟

水野忠成が老中首座に――田沼派の復活

そうした中の文化一四年（一八一七）、老中首座として寛政の遺老時代を主導した松平信明が死去した。他の遺老たちもすでに死去または引退しており、定信の政策を受け継ぐ者はいなくなった。そこで将軍・家斉は、水野忠成《ただあきら》（駿河国沼津藩主）を側用人兼務のまま老中格に昇格させた。これを機に、幕府の経済政策は「緊縮財政・デフレ政策」から「積極財政・リフレ政策」へと転換する。

水野忠成は、かつて田沼時代に老中を務めた水野忠友の婿養子で、忠友は田沼政権のナンバー2と言える存在だった。一時は、意次の四男・意正を婿養子にしていたほどの間柄だ。忠友の死去後、沼津藩水野家の後を継いだ忠成は家斉の側近として頭角を現し、若年寄、側用人を務めていた。家斉はこのような忠成を老中格に昇格させたわけだ。いわば、田沼派の復活である。ほどなくして忠成は老中首座となった。

家斉は、二年後には意正を若年寄に引き上げ、さらにその四年後には意次の旧領である遠州相良に復帰もさせている。この意正の復権には、忠成の尽力があったと言われている。

八三年ぶりの貨幣改鋳

忠成は文政二年（一八一九）、吉宗時代の元文改鋳以来、八三年ぶりに新たな金貨の鋳造を開始した。

メインは、文政金と呼ばれる一両小判と一分判（四分の一両）で、大きさと量目（重量）は元文金と同じだが、金の含有率は五六・四一%と、元文金（六五・七一%）より約九ポイント落とした。この含有率はかつての元禄金より低く、一両小判としては江戸の貨幣史上で最低水準となる。

忠成の貨幣改鋳の特徴は、文政金のほかにも数多くの金貨・銀貨の改鋳を重ね、しかも改鋳のたびに品位を落としていったことである。

文政小判鋳造の前年には、その前触れのような形で真文二分判（額面は二分の一両）という名称の金貨を鋳造している。品位は同じだが、鋳造量は少なかった（図表12①）。

これらに加えて文政七年以降、額面の異なる金貨三種類（図表12④⑤⑥）も立て続けに鋳造している。

この文政一朱判（同④）、草文二分判（同⑤）、天保二朱金（同⑥）のいずれも、品位は文政小判のそれを下回っている。中でも文政一朱判は江戸時代の通貨で唯一の一朱金貨だが、

【図表12】文政期の改鋳（水野忠成による金貨鋳造）

	額面	鋳造開始	量目（重量）	金含有率	鋳造量
①真文二分判	1/2両	文化15年（1818）	1.75匁	56.41%	2,986,022両
②文政小判	1両	文政2年（1819）	3.5匁	56.41%	11,043,360両
③文政一分判	1/4両	文政2年（1819）	0.875匁	56.41%	
④文政一朱判	1/16両	文政7年（1824）	0.75匁	12.05%	2,920,192両
⑤草文二分判	1/2両	文政11年（1828）	1.75匁	48.88%	2,033,061両
⑥天保二朱金	1/8両	天保3年（1832）	0.4375匁	29.33%	12,883,700両

注：1匁＝3.75グラム。
出所：滝沢武雄「近世貨幣表」『日本歴史大事典4』306頁による。

一二・〇五％という品位は後に発行された金貨も含めて江戸時代でダントツの最下位である。

さらに金貨と並行して、幕府は銀貨の鋳造も相次いで行った。

秤量銀貨である文政丁銀のほか、計数通貨（額面の決まっている通貨）として文政七年に文政南鐐二朱銀（八分の一両）の鋳造を開始した。これは、田沼時代の明和南鐐二朱銀及び寛政の遺老時代の寛政南鐐二朱銀の後継となるもので、品位は前二者と同じ九八％の高品位を保っている。これに続き同一二年には、二朱銀より小額銀貨の文政一朱銀（一六分の一両）の鋳造も開始した。

結局、金貨と銀貨を合わせると、忠成の下で鋳造した貨幣は九種類にのぼったことになる。貨幣改鋳と新貨幣発行の規模は、江戸時代最大と言える。

景気の好循環をもたらす

これら一連の金貨改鋳の最大の狙いは、出目（改鋳による差益）を獲得して幕府財政を立て直すことにあった。新通貨の発行とほぼ同時に従来の元文金銀と明和南鐐二朱銀の運用を停止したが、幕府は新旧通貨の交換にあたっては増歩（プレミアム）は付けなかった。最大限に出目を得ようとしたのだ。

その狙い通り、文政元年（一八一八）から同九年までの九年間で、金貨鋳造による出目は約一八五万両にのぼったという。これに銀貨鋳造分を加えると、同期間は毎年平均で四六万両余りの出目を獲得した計算になる（三上隆三『江戸の貨幣物語』）。この結果、幕府財政は文政年間に急速に改善する。

水野忠成による貨幣改鋳の効果は、もう一つあった。流通量の増加、つまり通貨供給量の増加による経済効果である。元禄改鋳や元文改鋳と同じ構図だが、特に文政改鋳では、何種類もの小額金貨を発行したことにより、庶民が金貨を使う機会が増えた。額面が数種類に増えたため使い勝手もよくなった。

文政期の一連の改鋳（一八一八〜三二）によって金銀貨の流通量は四五八六万両に達し、これまでの改鋳時の最大となった（図表13）。このような短期間での貨幣流通の拡大は、今

【図表13】江戸時代の金銀貨の流通量（推計）

	金貨	銀貨	合計
慶長改鋳後（1601～1695）	10,627	5,467	16,094
元禄改鋳後（1695～1710）	15,050	10,755	25,805
宝永改鋳後（1710～1714）	19,405	18,120	37,525
正徳改鋳後（1714～1736）	10,838	10,204	21,042
元文改鋳後（1736～1818）	19,114	10,141	29,255
文政改鋳後（1818～1832）	23,699	22,165	45,864

注：単位は千両。銀貨の流通量は金貨換算。
出所：岩橋勝『近世貨幣と経済発展』143頁による。

で言う量的金融緩和のようなものだ。

その効果で景気は急速に回復し、二十数年続いたデフレから脱却した。吉宗時代後期の「元文のリフレーション」の再来と言えるが、それ以上に金貨が庶民の生活の中に普及していったことで、経済回復の裾野が広がった。経済の好循環である。これがこの時期の景気回復の特徴だ。「文政のリフレーション」と名付けることができよう。「江戸時代最後の好景気」とも言える。

大阪経済大学教授の高木久史氏は「かつての研究は、通貨供給の増加が金貨安・物価高を生む一因になった、と負の側面を強調してきた。対して、近年の研究は、経済成長を促したとして、肯定的に評価している」と指摘し、通貨供給の増加が「近代へ向けて庶民経済が発展する契機となった」と評価している（同氏『通貨の日本史』）。

化政文化から生まれたジャポニスム

この時代は、定信時代以来の厳しい統制が緩み、自由な雰囲気が広がったのも大きな特徴だ。見世物や富くじ興行が大流行し、芝居見物に大勢の人が集まった。十返舎一九の『東海道中膝栗毛』がベストセラーとなり、旅行がブームになったという。浮世絵や川柳、寄席、歌舞伎など、「化政文化」と呼ばれる町民文化が最盛期を迎えた。そうした文化が栄えたのも、裾野の広い好景気が背景となっているからで、それがまた消費を拡大させる効果をもたらすという好循環を生んだ。

現代の我々にも親しみのあるさまざまな文化や生活風習などは、この時代に定着したものが多い。

その観点から浮世絵に注目したい。浮世絵は、田沼時代の頃から盛んになり、文化文政時代に全盛期を迎える。喜多川歌麿、歌川広重、葛飾北斎などが有名だが、いずれもこの時代を中心とする時期に活躍した人たちだ。

彼らの絵がやがて幕末から明治初期にかけてヨーロッパにも輸出され、印象派の画家に大きな影響を与えたことはよく知られるところだ。一九世紀後半にはヨーロッパで日本ブームが巻き起こり、「ジャポニスム」と呼ばれた。いわば、ソフトパワーである。明治の急速な近代化と経済発展が重なって、日本は世界中から注目されたのだった。

現在も日本のアニメや文化などが世界中の人気を集め、日本人気はスポーツ、食、自然、歴史など、あらゆる分野に広がっている。コロナ後に訪日外国人が急増しているのも、こうした人気が背景にあるからだ。これが日本経済を支える役割を果たし、さらに本格復活の原動力にもなり得るパワーを持っている。こうしたソフトパワーと経済の「好循環」に期待したい。

「貨幣改鋳でインフレ」は本当か？

さて、その一方で、家斉―水野忠成時代、いわゆる大御所時代については否定的な評価も少なくない。論点は主に三つ。第一は、貨幣改鋳によってインフレとなって庶民を苦しめた。第二は、田沼派の復活で賄賂政治も復活した。第三は、将軍・家斉が財政を浪費し退廃的風潮を蔓延させたというものだ。

だが第一の点について、それは本当だろうか。ここで貨幣改鋳後の物価の動きをチェックしてみよう。

忠成政権が誕生した文化一四年（一八一七）末に五八・六匁だった米価（大坂・一石当たり銀建て、年末値）は、文政金鋳造開始の年（文政二年・一八一九）に四八・七匁に下落してい

【図表14】文化文政～天保期の米価と物価の推移

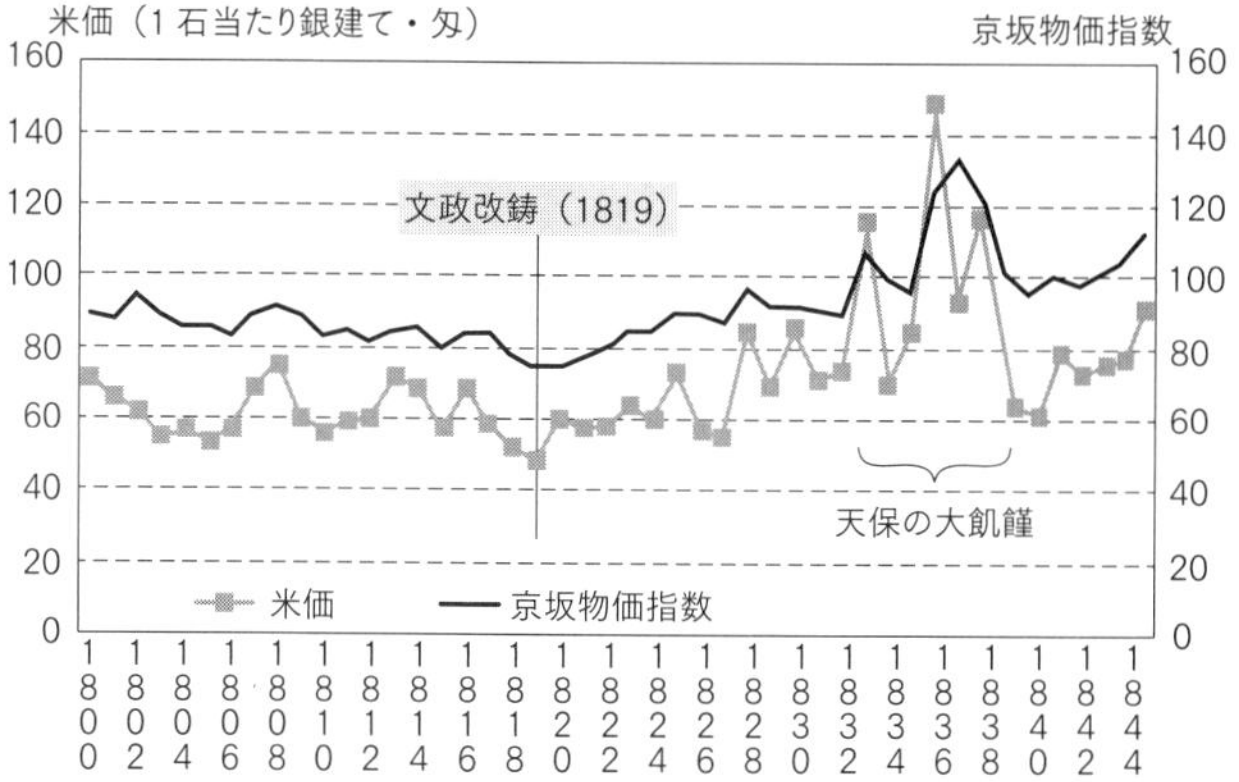

注：京坂物価指数は京坂地域の主要42品目の価格について、1840-44年を100として指数化したもの。
出所：図表7と同資料をもとに、筆者にて作成。

たが、その翌年（文政三年）には六〇・三匁へと上昇し、上昇率は前年比二三・八％に達した。ただその翌年は五七・二匁（下落率五・一％）と文政金鋳造前の水準に戻っており、その翌年も五八・三匁と比較的落ち着いた動きとなっている（図表14）。

米価は年によって振幅が大きい。そこで、文政金鋳造開始から一〇年間の平均米価を計算すると六三・八匁となっており、その前の一〇年間の平均価格六〇・一匁と比較すると六・一％の上昇にとどまっている。年平均の上昇率では単純計算でわずか約〇・六％だ。これで「インフレで庶民を苦しめた」とまではとても言えないだろう。

米価以外の物価ではどうだろうか。一八四〇年から一八四四年を一〇〇とした京坂物価指数

（銀建て、大阪大学名誉教授・宮本又郎氏作成）を見ると、同じく文政金鋳造開始から一〇年間の平均は八五・九％で、その前の一〇年間の平均（八二・〇％）より四・八％上昇にとどまっている（図表14）。

これらのデータを見る限り、米価も一般物価も、イメージほどは上昇していない。もちろん単年ごとや商品別に見れば大幅に上昇した年もある。しかし図表14を見ればわかるように、全体をならせば「緩やかな物価上昇が続いた」との表現が適切だろう。

むしろ、デフレから脱却して緩やかな物価上昇と好景気をもたらした、リフレーションの成功例と言えるのである。化政文化も、こうした経済的な繁栄の上に成立したものだということを再度強調しておきたい。

3　揺らぐ幕藩体制――家斉の浪費、天保の大飢饉

家斉、将軍在職五〇年で五三人の子ども

この時代について、むしろ問題なのは、貨幣改鋳以外にこれと言った改革があまり見当たらないことだ（後述）。その一方で、賄賂政治復活、家斉による浪費など悪いイメージが強い。

たしかに、質素倹約の気風は失われ、贅沢を楽しむ風潮が広がった。それは家斉が率先してつくり上げたものでもあった。

家斉は、徳川歴代将軍一五人の中でも特異な存在である。将軍在位期間は五〇年に及び、最長記録。将軍を退いた後も大御所として君臨し、その期間も含めれば五四年に及ぶ。この家斉の時代は、将軍在職期間も含めて「大御所時代」と呼ばれる。

一方、子どもの数は五三人と言われている。これには五五人、五七人との説もあるが、どちらにせよ、これも最多記録。側室も正式に認知された人が一六人、実際には通算で四〇人以上とされている。人数がケタ外れに多いうえ、その派手な生活で、大奥の経費は膨れ上がり、そのことが幕府財政を再び悪化させる原因となったと言われている。

家斉の子どもたちのうち約半数は幼いうちに病気で亡くなっているが、成人した男子は有力大名家の養子となり、女子は嫁入りする。忠成はそれら縁組のあっせんを行い、多額の賄賂を受け取ったという。

このような忠成の政治を皮肉って、「水の（水野）出て　元の田沼となりにけり」と詠まれた川柳も有名だ。

ただ賄賂政治という点については、田沼時代と同様に、実態以上に誇張された可能性があり、注意が必要なことを指摘しておきたい。

天保の大飢饉、一揆や打ちこわしが頻発

さて、文政一三年一二月（一八三一年一月）、好景気に沸いた文政時代は終わり、元号は天保と改められる。だが天保となって間もなく、日本列島は大飢饉に見舞われる。江戸時代三大飢饉の一つに数えられる天保の大飢饉である。飢饉は天保四年（一八三三）に始まり、同八年頃まで続いた。

同飢饉は東北だけでなく関東、甲信、東海など広い範囲に及んだ。冷害や洪水などで全国的に大凶作となり、餓死者が続出したほか、米価高騰に見舞われた。このため各地で一揆や打ちこわしが相次ぎ、中でも幕府直轄地の甲州では一国規模の大一揆に発展した（甲州騒動）。

こうした状況にもかかわらず幕府は有効な手を打てなかった。そんな中で起きたのが、大塩平八郎の乱である（天保八年）。それまでの百姓一揆や都市部での打ちこわしとの決定的な違いは、大塩平八郎が大坂奉行所の元与力というれっきとした幕臣だったことだ。もはや「米本位制」を基軸とする幕藩体制の矛盾は限界に達していた。

大飢饉が始まって間もなくの天保五年に忠成は病気のため死去した。享年七三。これに伴い、家斉は水野忠邦を老中に任命する。その後、家斉は天保八年に将軍職を嫡男・家慶に譲

り、大御所となるが、亡くなるまでの四年間も実権を離さなかった。

遅れた「構造改革」――今日への教訓

天保に入ると、飢饉の影響や家斉の浪費などで幕府財政は再び悪化の一途をたどっていた。そこで家斉が大御所になった年の天保八年（一八三七）、幕府は出目を狙って貨幣改鋳に乗り出した。

新たに天保小判（一両）と一分金（四分の一両）を鋳造したのだが、金の含有率は五六・七七％で、文政金（五六・四一％）とほぼ同じだ。その代わり小判の大きさを文政小判より小さくして、重量を三・〇匁（文政小判は三・五匁）とし、金の含有量を減らしたのだ。一分金の重量も同様に〇・八七五匁から〇・七五匁に減らした。

それらの分、金の使用量を減らし、その差で生じる出目を得たのだった。藤田覚氏によると、改鋳がスタートした天保八年からの六年間で幕府が手にした出目の合計額は五〇五万両にのぼった。幕府の収入全体の三四・五％にも達している（図表15）。このあたりから幕府の財政政策は、出目への依存体質を強めていく。だがその一方で、構造改革に取り組むことはなくなっていた。

その頃の経済全体を概観すると、もはや「米本位制」は限界に達しており、持続不可能な

【図表15】天保期の幕府財政と改鋳益金

	収入(両)	うち改鋳益金(両)	構成比(%)
天保8年(1837)	253万1080	62万9263	24.9
天保9年(1838)	327万8386	107万5950	32.8
天保10年(1839)	240万1197	69万4745	28.9
天保11年(1840)	241万9487	99万7000	41.2
天保12年(1841)	224万5590	115万5000	51.4
天保13年(1842)	176万1147	50万1445	28.5
合計	1463万6887	505万3403	34.5

出所:藤田覚『勘定奉行の江戸時代』181頁による。

レベルを迎えていた。幕府は商品経済の発展に本格的に対応していくことが必要になっていたのだが、家斉—水野忠成時代にはそうした制度改革や政策立案はほとんどなかった。貨幣改鋳に伴う出目と好景気という目先の恵まれた環境に甘え、これと言った改革が見られなかったのである。この点は、数々の新政策を打ち出した田沼時代とは大きく異なっている。

この様子は実は、最近の経済政策と少し似たところがある。

文政の改鋳が量的金融緩和効果によってリフレを実現したように、現代においても日銀は黒田東彦前総裁がアベノミクスに歩調を合わせた金融緩和によってデフレではない状況をつくり出し、植田和男現総裁も超金融緩和を続けてコロナ後の景気回復を支えている。緩和の副作用や円安の弊害が指摘されているものの、緩和を継続する姿勢を示している。

一方で、現在の日本は景気が回復しつつあるものの、少子高齢化、物価上昇、デジタル化の立ち遅れなど、課題が山積している。いずれも構造的な問題であり、従来の延長線上の経済政策では乗り切ることができない。これまでの制度や仕組みを見直す、つまり改革が不可欠なのだ。

だが岸田内閣でこれまで実施された経済政策は補助金や給付金を中心としたものが多く、抜本的な制度改革を伴うものはほとんど見当たらない。最近は政界全体で改革志向が弱まっている印象がある。

幸いにというべきか、最近の景気回復のおかげや物価上昇の影響で国の税収はここ数年で大幅に増え、過去最高額を記録している。それに甘えてか、歳出削減の努力も改革もあいまいだ。巨額の出目に甘えて改革を怠った家斉時代と似ていると言っては言い過ぎだろうか。

このように見てくると、文政時代は、プラス・マイナスの両面で、今日の経済政策に対する貴重な教訓を残していることがよくわかる。

第九章　「天保の改革」——〝最後の改革〟だったが……

1　「寛政の改革」を手本にした水野忠邦

奢侈禁止や風俗統制を強権的に実施

天保一二年（一八四一）閏一月、大御所・家斉が亡くなり、通算五四年に及ぶ家斉時代は終わりを告げた。いよいよ水野忠邦の本格的な出番がやってきた。

同年五月、忠邦は江戸城の広間に幕府諸役人を集め、「享保、寛政の改革を模範として改革を行う」と「天保の改革」開始を宣言した。その特徴は、特に寛政の改革で実施された政策を手本として、より徹底的かつ強権的に実行したことだ。

忠邦は、化政時代の消費拡大や文化発展によって奢侈が広がったことが物価高騰と風俗退廃の元凶ととらえ、奢侈を徹底的に取り締まることにした。庶民の生活のすみずみに至るまで事細かに奢侈を禁止する触書を次々と出し、取り締まりを開始した。対象は衣服や装飾品から、料理、錦絵、はては飼い鳥にまで及んだ。

風俗の取り締まりも強化した。江戸では文化・文政期から天保期にかけて寄席が急増し、その数は二〇〇軒以上に達していた。当時の寄席では、落語や講談をはじめ、手品、娘義太夫、人形浄瑠璃など、さまざまな演芸が行われていたという。入場料も安いため、庶民の娯楽の場となっていたが、忠邦はそのほとんどを閉鎖させた。

歌舞伎も取り締まりの対象とした。化政期に隆盛をきわめた歌舞伎の人気は天保時代になっても続いていた。役者の衣装や髪型などが流行し、役者を描いた錦絵がよく売れた。

だが忠邦の目には、これが贅沢と風俗の乱れの元凶と映ったのだ。そこで、江戸の中心部にあった江戸三座（中村座、市村座、森田座）を郊外の浅草に移転させた。そのうえ、人気ナンバーワンと言われた七代目市川團十郎を江戸追放処分にした。一種の見せしめだ。

また好色本や人情本の禁止や出版物への事前検閲など文化全般への統制を強めた。人情本の人気作家だった為永春水を投獄するなど、弾圧も行っている。

江戸の景気は急速に悪化

これらの厳しい取り締まりで、盛り場は火の消えたようになり、江戸の町はあっという間に深刻な不況に陥った。天保の改革令が出て二カ月が経った頃、町奉行所が同心に市中を回って調べさせたところ、江戸を代表する大店の呉服商の売り上げが軒並み大幅に落ち込んでいることがわかった。天保一二年（一八四一）六月の売上高を前年同月と比較すると、減少の一番少なかった大丸屋でも二三％減で、越後屋本店は四〇％減、白木屋は七三％減にも達していたという（藤田覚『遠山景元』）。

ちなみに、越後屋本店の売上高を年単位で追うと、天保一一年の約一二万両から、天保一四年には七万六〇〇〇両余りまで落ち込んでいる。越後屋としては創業当初を除けば最低記録だ（第四章・図表8：一一四頁）。その長期推移を見ると、正徳期のデフレ不況、吉宗時代の元文改鋳によるリフレ、そして天保の改革によるデフレ不況などで大きく変化しており、江戸時代の個人消費と景気の動向を示す貴重なデータである。

だが不況は忠邦の狙い通りだった。忠邦は「取り締まりの結果として江戸が衰態（衰退のこと＝筆者注）を極め、商人たちの営業が成り立たず離散するような事態となったとしても一向に構わない」と主張している（藤田覚『天保の改革［新装版］』）。かつて松平定信が記していた考え方そのものである。

一方で、江戸に出てきた元農民を村に返そうとする「人返し令」を発令した。これも、「旧里帰農令」を出した定信と同じ発想で、さらに強化しようとしたものだ。忠邦は「江戸に流入した無宿人や日雇い労働者などが多くなりすぎて治安を悪化させている。いずれ、打ちこわしや大坂の大塩事件のような騒動が江戸で起きるおそれがある」と考えたのだ。

忠邦は当初、強制的に帰村を命じることを考えていたが、江戸町奉行らの反対にあったため、「在方（村のこと）の者が所帯をたたんで江戸の人別（宗門人別改帳＝現在の戸籍に当たる）に入ることを禁止する。ただし、江戸で商売を始めたり妻子を持っている者は帰郷には及ばない」という内容で発令された。

忠邦に抵抗した遠山の金さん

強制帰村に反対した江戸町奉行とは、遠山の金さんこと、北町奉行・遠山金四郎景元である。景元は、寄席の撤去や芝居小屋移転などにも抵抗していた。

忠邦は床見世《とこみせ》の全面撤去も考えていた。床見世とは、現在の露店や屋台のようなもので、道路わきや空き地などで営業する者が多かった。忠邦はこれも贅沢だとし、防災や治安上も問題があるとして、景元に「撤去含み」で実態調査するよう命じたのだ。

景元は「床見世を営む者は低所得者なので、すべて撤去したら彼らは生活できなくなる」と粘り、結局、床見世の撤去は見送られた。こうしたところが「庶民の味方・遠山の金さん」という〝伝説〟が生まれる素地となったのだろう。

東大名誉教授の藤田覚氏は、「江戸はにぎやかで繁栄していなければならない。おのおのの身分や財力にふさわしい暮らし方と、江戸の繁栄の維持、これが遠山の基本的な考え方だった」と指摘している（同氏『遠山景元』前掲書）。

結果的には景元は立場上、多くの政策について上司である忠邦の方針に従わざるを得なかったが、その根底にあったのは、商品経済を基盤にする繁栄を重視するか、米づくりを基軸にする農本主義に回帰させるか、あるいは、成長重視か緊縮・統制策か、という対立軸だったのである。この対立は、吉宗以後、田沼意次、松平定信、水野忠成……と、幕府首脳の間で攻守を変えながら続いてきたものである。遠山の金さんはもちろん田沼派ではないが、その基本的な志向は忠邦とは相いれないものだったことは確かだ。

さて、松平定信を見本とした忠邦であるが、定信がやらなかったこと、あるいはやりたくてもやれなかったこと（?）まで実施した。株仲間の解散令である。

文政時代には物価上昇は緩やかだったが、天保時代になると上昇が加速していた。その原因は、天保の大飢饉、家斉の浪費、度重なる貨幣改鋳などの影響が挙げられるが、根本的には、文政期以来の好景気によってさまざまな商品への需要が従来以上に高まったことが背景にあった。

だが忠邦は「商人たちが株仲間を通じて物価をつり上げている」と考え、江戸の代表的な株仲間である十組問屋《とくみどいや》の解散を命じた（天保一二年・一八四二）。同組合に不正があったというのが理由だが、翌年にはすべての株仲間の解散を命じ、株仲間や組合などの名称も禁止した。

藤田教授によると、この時、景元はその触書を市中に流すのをサボタージュしている（同氏『遠山景元』前掲書）。せめてもの抵抗だった。

だが株仲間解散は流通に混乱をもたらし、かえって物価上昇と景気の悪化を加速する結果となった。

このように、天保の改革で実施された政策の多くは時代に逆行するものであり、景気を悪化させデフレに逆戻りさせることとなった。天保の改革は明らかに失敗だった。ここから事実上、幕府崩壊に向けてのカウントダウンが始まったと言っても過言ではないだろう。

2 揺れた対外政策――蝦夷地開発、ロシアとの紛争

蝦夷地政策を積極策に転換、ロシアが襲撃

文化文政期から天保期にかけての時代は、ロシアなどの外圧が強まったことがもう一つの特徴だ。これが幕府の動揺に拍車をかけることとなった。

少しさかのぼるが、幕府は寛政一一年(一七九九)、千島列島を含む東蝦夷を松前藩から召し上げ幕府直轄領とした。蝦夷地の直轄化は定信時代に見送られていたが、寛政の遺老たちが積極策に転換したのだ。

東蝦夷地の直轄化決定の前年には、幕府は総勢一八〇人からなる大調査団を蝦夷地全域に派遣している。この調査は、かねて蝦夷地直轄化を建議していた近藤重蔵が中心となった。近藤は蝦夷地本島を南岸沿いに進み、さらに国後島と択捉島まで踏査して、択捉島に「大日本恵登呂府」と表記した標柱を立てている。

続いて文化四年(一八〇七)には、西蝦夷も幕府直轄地とした。

すでにこの頃、南下政策を強めるロシアとの関係がかなり悪化していた。文化元年、レザノフ率いる遣日使節団が、ロシア皇帝の親書を携えて長崎に来航した時、幕府は「祖法に反

する」として通商を拒否し、かつ非常に冷淡な応接に終始した。「冷遇すれば二度とやってこないだろう」との考えからだったという。

結局、レザノフは半年間も待たされた挙句「ゼロ回答」のまま帰国したが、日本の対応に怒り、「日本に対しては武力で開国させるしかない」と上司に報告した。二年後、レザノフの指示を受けた部下のフヴォストフが、樺太や択捉にあった松前藩や幕府の施設を攻撃し、放火や略奪を行ったのである。択捉では幕府方も二〇〇～三〇〇の軍勢で応戦するも大敗、指揮官は責任を取って自害する事態に発展した（文化三～四年）。この事件は文化露寇と呼ばれる。

事件はその後も尾を引いた。文化八年、ロシア軍艦の艦長ゴローニンが国後島に入港したところを幕府の現地役人が捕え、二年三カ月にわたって松前で抑留した。これに対しロシアはゴローニン釈放の取引材料とすることを狙い、国後島沖をたまたま航行中だった廻船業者の高田屋嘉兵衛を拿捕し、カムチャッカまで連行した。

嘉兵衛は、ゴローニンと自分の双方の釈放をめざして自ら交渉に奔走し、翌年、ついに平和裏に解決するに至ったのだった。嘉兵衛の気概と交渉力には驚かされる。

化政時代の風雲児、高田屋嘉兵衛

高田屋嘉兵衛は、司馬遼太郎の長編小説『菜の花の沖』の主人公として詳しく描かれているが、まさにこの時代が生んだ風雲児だ。

明和六年（一七六九）に淡路島で生まれた嘉兵衛は二二歳の頃に兵庫に出て、上方から江戸へ酒を運ぶ樽廻船の水夫《かこ》となった。操船術にすぐれていた嘉兵衛はめきめきと頭角を現し、短期間で沖船頭（雇われ船長）、次いで持船船頭（オーナー船長）となる。

この時代には北前船が花形産業となっていた。嘉兵衛は憧れだった北前船事業に参入することを決意し、一五〇〇石積の船を建造した。当時の北前船では千石積が最大級だったので、破格の超大型船である。

嘉兵衛はこの船に「高田屋」の屋号を掲げ、新たに商標をつくってブランド戦略を展開した。船は、兵庫で酒、塩、藍、綿布などを積み込み、出羽国酒田で米を買って箱館に向かう。帰路は、蝦夷地の魚や昆布などの海産物を大量に買い入れ、上方で売りさばいていった。高田屋が扱う商品の品質には定評があり、高田屋の商標がついている積み荷は、寄港地で役人の検査なしで陸揚げが許されたという話が残っている。

蝦夷地にも本格的に進出した。当時の蝦夷地は松前が中心地だったが、松前藩のおひざ元で松前商人が商圏を握っていたため、事業成功の余地が少ないと判断した。一方、箱館は開発が遅れていたが、「綱知らずの港」と言われる天然の良港だった。これに目をつけて箱館に支店を開設し、蝦夷地での事業を拡大していった。こうして、わずか数年で巨万の富を築いたという。

他社との競合を避け、誰も手を付けていない新しい商圏を開拓していく。今で言う「ブルー・オーシャン戦略」である。箱館の海は嘉兵衛にとって文字どおり「ブルー・オーシャン」だった。

嘉兵衛は蝦夷地本島から千島にもビジネスの場を広げていく。前述の幕府の蝦夷地調査に際しては、国後―択捉の航路を開設した。両島の間の海峡は潮の流れが速く航行が難しかったが、嘉兵衛は持ち前の操船術で文字通りこれを乗り越え、安定した航路を開くことに成功した。これによって幕府調査団の択捉への渡航が可能となった。また間宮林蔵の樺太探検（文化五年・一八〇八）でも船を提供するなど、幕府の蝦夷地開発に大きく貢献している。

前章で見た化政時代の経済発展は、嘉兵衛のような企業家によっても支えられていたのである。

対症療法に終始した対外政策

だが幕府の蝦夷地政策はその後、蝦夷地直轄をやめて松前藩に返還するなど、一貫性を欠く対応となっている。

一方、日本近海ではロシア以外にも外国船が多く出没するようになっていた。

文化五年（一八〇八）、イギリスの軍艦フェートン号が長崎に入港し、オランダ商館員を拉致する事件が起きた（フェートン号事件）。文政七年（一八二四）には、イギリス捕鯨船の船員が薩摩トカラ列島の宝島に上陸して島民を襲撃する事件が起きている。

こうしたことから幕府は文政八年、異国船打払令を発した。「鎖国＝祖法」論をもとに、外圧への強硬姿勢を打ち出した形だ。

それがモリソン号事件（天保八年・一八三七）を引き起こすこととなる。アメリカの商船モリソン号が浦賀湾などに現れたため、幕府は砲撃し同船を退去させた。ところが後になって、同船は日本人漂流民七人を乗せて日本に帰還させようとしていたことがわかり、蘭学者らが幕府の政策を批判した。忠邦は、南町奉行の鳥居耀蔵に命じて高野長英や渡辺崋山などを弾圧し、死に追いやった。蛮社の獄である（天保一〇年）。

このような中、天保一一年にアヘン戦争が起き、イギリスが武力で清《しん》を屈服させた。「次

【図表16】水野忠邦「天保の改革」の主な政策

基本的方向	奢侈禁止・綱紀粛正など統制強化、農本主義への回帰
財政・金融政策	緊縮財政をめざすが、改鋳益金への依存体質を変えられず ・歳出削減 ・収入増加のため商人への御用金を賦課 ・高品位貨幣への改鋳を検討するも、実行できず
商工業政策	物価引き下げと奢侈禁止のため経済活動を強く抑制 ・生活のすみずみにまで奢侈禁止 ・歌舞伎、寄席など娯楽を規制 ・風俗、出版など徹底取り締まり ・株仲間解散令
農業政策	農本主義 ・人返し令 ・農業専念（副業・兼業の禁止）、質素倹約を要求 ・出稼ぎ許可の厳格化 ・年貢引き上げ（実現せず）
対外政策	モリソン号事件（1837）→蛮社の獄（1839）…強硬策 薪水給与令（1842）…柔軟策 上知令（1843）…国内的強硬策

出所：各種資料をもとに筆者作成。

は日本か」と危機感が高まったが、紛争を恐れた幕府は一転して、外国船に燃料や食料を供給することを認める薪水給与令を出した。

　この一連の動きを見ると、幕府の対外政策は「鎖国＝祖法」と言いながら、防衛戦略を欠いたまま、その場その場の対症療法に終始していたことがよくわかる。

　一方で忠邦は天保一四年、江戸と大坂の防衛強化のためとして上知令《あげちれい》を発令した。江戸と大坂の周辺には幕府直轄地のほかに、大名や旗本の小規模な領地が入り組んでいたため、両都市の一〇里（約四〇キロメートル）四方にある大名・旗本の領地を幕府が召し上げて直轄地とし、他の地域に代替地を与えるというものだ。

　だがこれは該当地域に領地を持つ多数の大名や旗本たちから猛反発を受けた。結局、同令は実施されないままわずか四カ月後に撤回を余儀なくされ、これが原因で忠邦は同年に失脚した。やがて黒船の来航によって、日本は国の針路について大きな決断を迫られることとなる。

3　西南雄藩の改革――地方創生の先駆け

佐賀藩、日本初の反射炉実用化に成功

天保期には多くの藩も経済危機に陥っていた。しかしその中にあって西南雄藩と言われる諸藩は改革を断行し、経済力と軍備力の強化を戦略的に進めていた。その動きは、時代に逆行した天保の改革や対症療法的な対外政策に終始した幕府とは対照的だ。

佐賀藩の例を見てみよう。

天保元年（一八三〇）の藩予算では、年貢収入は全収入の一二％しかなく、借金が七三％に達していたという（田中耕作『幕末の鍋島佐賀藩』）。

同藩の財政危機の深刻さを示すエピソードが残っている。同年に藩主に就任した鍋島直正が初めてのお国入りで江戸を出発する当日、江戸藩邸出入りの商人たちが「掛け売りしている米や醤油の代金を出発前に支払ってくれ」と押しかけてきた。このため出発を一日延期せざるを得なくなったという。

日用品の代金が払えないほど藩財政が深刻なことを痛感した直正は、徹底した質素倹約と経費削減に取り組み、綿花や甘藷の栽培、石炭採掘など殖産興業を推進した。その結果、財政再建を軌道に乗せることができたという。

次は軍事力の強化である。それは西洋技術の導入とセットだった。直正は、長崎に入港するオランダの商船や軍艦に何度も乗り込んで艦内をすみずみまで見て回るなど、研究を重ねた。そして洋式大砲と蒸気船を自力で建造する基本戦略をひそかに固めていく。

こうした天保年間の研究と準備を経て、嘉永三年（一八五〇）、鉄製大砲の製造設備である反射炉の建設に着手した。オランダの軍人が著した鉄製大砲製造法の蘭書を入手して、藩士の蘭学者・杉谷雍助《すぎたにようすけ》らに翻訳させた。そのうえで杉谷と、直正の側近で砲術を修めていた本島藤太夫《もとじまとうだゆう》の二人を責任者として工事を開始した。

だが反射炉の実物など誰も見たこともなければつくったこともない。翻訳本だけが頼りだった。それでもなんとか反射炉は建設できたものの、大砲をうまくつくることができない。ようやく大砲が形になり、砲弾を詰めて試射したところ、今度は大砲が破裂してしまった。

杉谷と本島は、完成は不可能と判断し、とうとう「切腹して責任を取る」と申し出たという。直正は二人を説得して続行させ、ついに二年後の嘉永五年に大砲の製造に成功した。日本初の反射炉の実用化である。

この嘉永五年という年に注目してほしい。ペリーが浦賀に来航する前の年なのである。つまり佐賀藩はすべて自力で反射炉の実用化を成し遂げたのだ。この反射炉をモデルとして、薩摩藩、長州藩などが反射炉を建設していった。

佐賀藩はこれと並行して、精煉方《せいれんかた》という技術開発の拠点を設置した。ここでは、蒸気機関の研究開発を行い、蒸気機関車の小型試作品を製造したほか、鉄砲と火薬の製造から化学薬品、ガラス、電信機などの開発まで手がけている。

さらに、藩の海軍創設と蒸気船の建造をめざして「三重津海軍所」を創設した。この跡は現在、「明治日本の産業革命遺産　製鉄・製鋼、造船、石炭産業」の構成資産として世界遺産に登録されている。

薩摩藩、集成館事業で経済力を蓄える

一方、薩摩藩も財政難に陥っていたが、文政末期から天保年間を通じて、家老の調所広郷《ずしよひろさと》による改革が進められていた。

調所は、奄美大島や徳之島で砂糖の増産と専売制によって財政収入の増加を図るとともに、品質が劣ると言われていた薩摩米の品質向上に取り組み、販売価格を引き上げることに成功した。このほか、菜種、ウコンなどの栽培拡大や価格上昇を実現している。

さらに、琉球を介した清との密貿易で莫大な利益を上げたと言われている。

これらの成果を基盤に、嘉永四年（一八五一）に藩主に就任した島津斉彬が近代化プロジェクト「集成館事業」をスタートさせた。これも、ペリー来航より前のことである。鹿児島城下の郊外の竹林を切り開き、ここに大砲製造、造船、紡績、ガラス、電信など数多くの研究開発施設と工場群からなる集成館を建設した。当時の日本では最大かつ最先端の工業地帯となり、最盛期には一二〇〇人もの人が働いていたという。

その核となったのが、やはり反射炉だった。斉彬は佐賀藩主の鍋島直正からあの翻訳本の写しを譲り受け、それを頼りに反射炉建設に着手した。だが何度つくってもうまくいかない。あきらめかけた藩士を見て、斉彬は「西洋人も人なり、佐賀人も人なり、薩摩人も同じく人なり」と言って励ましたという。この言葉に藩士たちは奮い立ち、ようやく安政四年（一八五七）に完成にこぎつける。

この反射炉跡なども、前掲の世界遺産「明治日本の産業革命遺産」の構成資産の一つだ。

ペリー来航後になるが、集成館では、蒸気船の建造、日本初のガス灯や電信機の製作などを、やはりすべて自力で成し遂げている（これら佐賀や薩摩の詳細については、拙著『明治日本の産業革命遺産』を参照されたい）。

同じような動きは長州やそのほかの雄藩でも活発になっていた。これらの藩に共通していたのは、財政再建を進めるとともに、藩独自の明確な戦略に基づいて西洋技術を導入し、殖産興業と軍事力強化を進めたことだ。財政再建も歳出削減一本槍ではなく、殖産興業などによる収入増加策が柱となっていた。

これらの点が幕府との大きな違いで、客観的に見れば、幕府からの自立を意味していた。いわば地方創生の先駆けでもある。薩摩や長州が倒幕と明治維新の中心となったのは、こうした〝準備〟があったからこそなのである。

こうして幕府の力が衰退していく中、ついに運命の黒船来航を迎えることとなる。

第十章　幕府崩壊と近代化の足音

1　黒船来航――〝安政の改革〟で危機を乗り切る

阿部正弘、矢継ぎ早の改革

嘉永六年（一八五三）六月三日、マシュー・ペリー率いる米国艦隊四隻が浦賀沖に姿を現した。黒船来航である。ここから日本は激動の時代に突入する。それは欧米列強による植民地化の危機との闘いであり、近代化への産みの苦しみの時代でもあった。

時の老中首座は、福山一〇万石の藩主・阿部正弘。天保一四年（一八四三）に水野忠邦の失脚と入れ替わるように老中に就任した。翌年、忠邦が老中首座に復帰したものの、一年後の弘化二年（一八四五）に再び辞任。これを受けて正弘は老中首座となっていた。それから八年後にペリーがやってきたわけだ。

従来、幕府はペリーの圧力に右往左往するばかりで、無策だったというイメージが強かった。老中首座だった阿部正弘についても、優柔不断でリーダーシップに欠けていたとの批判もなお少なくない。だが実際には、正弘は無策どころか、当時の常識を超える対策を次々に打ち出して危機を乗り切ろうとしていた。その動きを見てみよう。

来航したペリーは、開国を促すフィルモア米大統領の将軍宛て親書を幕府の代表に手渡した後、翌年の再来航を予告して六月一二日に帰国の途に就いた。すると正弘は間髪を入れず、三日後の六月一五日、江戸湾内防衛のために台場を建設することを決め、伊豆韮山の代官・江川太郎左衛門英龍を責任者に命じた。

江川は一〇年以上前から、たびたび海防強化についての提言を幕府に提出し、自ら反射炉や大砲の模型をつくるなどしていた人物で、佐賀藩の反射炉建設（前章参照）には佐賀藩士に技術を授けるなど協力していた。江川はまた代官として民生安定にも大きな功績を残していた。そのような江川を正弘は高く評価していた。

江川は品川沖に一一台築く計画を立て、突貫工事でまず五基を完成させた。そのうちの二基が、現在の東京湾に残るお台場だ。

台場には大砲を配備する計画で、大砲製造のための反射炉の建設も江川に命じた。この時に伊豆・韮山に建設された反射炉が当時のままほぼ完全な姿で現存しており、「明治日本の産業革命遺産」の一つとして世界遺産に登録されている。

正弘は七月になると、江戸城に外様を含む各大名を集めて、ペリーが持参した米大統領の国書の内容を公開し、意見を求めた。これだけでも異例だが、さらには一般の武士や町民などにも意見を募った。この点が、正弘にリーダーシップが欠けていたと批判される原因となっているが、むしろ国難を乗り切るためには情報を公開し、知恵を結集したという点で画期的だったと言える。

正弘は以前から、佐賀藩主・鍋島直正や薩摩藩主・島津斉彬ら開明的な大名と交流を深め、幕政についての意見も聞いたりしていた。幕府は家康以来、外様大名には幕政に参加も口出しもさせないことが大名統制策の重要な柱だったが、それよりも国難乗り切りを優先させたのだ。そのことが後に幕府崩壊につながったのは皮肉だが、日本の近代化への第一歩となったことは間違いない。

近代化へ道を開いた「安政の改革」

九月には「大船建造の禁」を解いた。これも大名統制策として、幕府が家光の時代から二〇〇年以上にわたって大型船の建造を禁止してきたものだが、やはり転換した。

大型船建造の解禁を受け、正弘は幕府自身による軍艦建造の方針を打ち出し、浦賀に造船所を建設させた。同時に、親しかった徳川斉昭率いる水戸藩に命じ、隅田川河口の石川島にも造船所をつくらせた。この両造船所は明治以降、日本の造船業の拠点として発展することになる。

薩摩、長州、佐賀など雄藩も一斉に軍艦建造に乗り出した（それ以前から計画していたことだが……）。

続いて正弘は海軍創設という新方針を打ち出した。それまでの幕府には海軍がなかったため、海軍士官を養成する機関として長崎海軍伝習所を開設した（安政二年・一八五五）。同伝習所にはオランダの海軍将校を教師として招き、幕臣に操船術や砲術から測量、地理、語学、医学などを学ばせた。その中には勝海舟、榎本武揚らがいた。

注目すべきは、幕府が各藩にも門戸を開いたことだ。それを受け、薩摩や佐賀など有力藩が数多くの藩士を派遣した。ここにも、国を挙げて危機を乗り切ろうという正弘の考えが表れている。

その中にいた薩摩藩士・五代友厚、佐賀藩士・佐野常民（後に日本赤十字社創設）らは、伝習所で学んだ成果を藩に持ち帰って軍事力と技術力向上を図った。やがてそれが倒幕につながることとなる。これも皮肉なめぐり合わせだが、正弘は幕府や藩の枠を超えて、近代化への扉を開けたのである。

そして嘉永七年（一八五四）、幕府は再来航したペリーと日米和親条約を締結し、ここに二〇〇年以上にわたって続いた鎖国は終わりを告げる。ただこの段階では、米国との外交関係は開いたものの、通商はまだ拒否していた。

だが正弘は安政三年（一八五六）、老中や関係部門の幹部に対し「交易仕法の件」、つまり通商開始のやり方について諮問した。通商開始＝開国に向けての検討が始まったのである。

正弘はその翌年、三九歳の若さで急死したが、幕府は安政五年に日米修好通商条約に調印、続いてオランダ、ロシア、イギリス、フランスとも同条約を締結し、名実ともに開国した。正弘はそのレールを敷いたのである。

正弘のこれら一連の改革は、一般にはなじみが薄いが「安政の改革」と言われている。もちろん外圧に屈したという側面は否めず、締結した条約が不平等条約だったなどの問題を残した。それでも、いわば「祖法」を捨て、幕藩体制の根幹を変えるような大胆な改革を行ったことの意義は大きい。それが、欧米列強による植民地化を防ぐ第一歩となったことは間違いない。

ここでも、時代の変化に対応するには「改革」がいかに重要かという教訓が示されている。

正弘の死後、堀田正睦がその遺志を受け継いだものの、安政五年に井伊直弼が大老に就任。その後は周知のように、安政の大獄と桜田門外の変を経て、動乱の時代へと突き進んでいく。

2　幕末の経済的混乱——金の海外流出、超インフレ

不利な交換比率で金が大量流出

そうした中で、幕末の経済は混乱に陥っていった。それは開国の〝代償〟でもあった。日米和親条約の締結後、日米は通商開始に向けて交渉をスタートさせたが、まず通貨の交換比率が問題となった。

日本は、米国が貿易で使おうとしていたメキシコドル銀貨（洋銀）一枚（一ドル）が天保一分銀（四分の一両）と釣り合うと主張したが、米国は洋銀一枚を天保一分銀三枚と交換すべきだと主張し、結局、米国が主張を押し通す形で決着した。明らかに日本に不利な条件だった。このことが、金の海外流出を招くことになる。

具体的に見てみよう（図表17）。洋銀一枚を持って来日した外国人が、日本で天保一分銀三枚と交換し、それを天保一分金三枚に交換する。天保一分銀も天保一分金も、素材の含有

率や含有量と関係なく四分の一両という額面が決まっている計数貨幣だったので、三枚ならどちらも四分の三両（〇・七五両）だ。

天保一分金に含まれる金の量は一枚当たり約一・六グラム。当時の国際的な金銀の交換比率は、金一グラム＝銀約一六グラムだったので、天保一分金三枚の金含有量を銀に換算すると、一・六グラム×三枚×一六グラム＝約七七グラムとなる。これは、洋銀三枚分の銀の重さに相当した。つまり、天保一分金三枚を海外に持ち出して洋銀に替えれば三枚（三ドル）になるのだ。

今度は、その三枚を持って来日し、同じことを繰り返せば、九枚、二七枚……と、どんどん三倍に増やしていけることになる。

かくして、日本から大量の金貨が流出することになった。その量は確かなことはわかっていないが、一説には一〇〇〇万両を超えるという。近年の研究では、それほど多くはなかったとの見方が増えているが、それでも数十万両程度の規模に達

【図表17】金の海外流出の構図

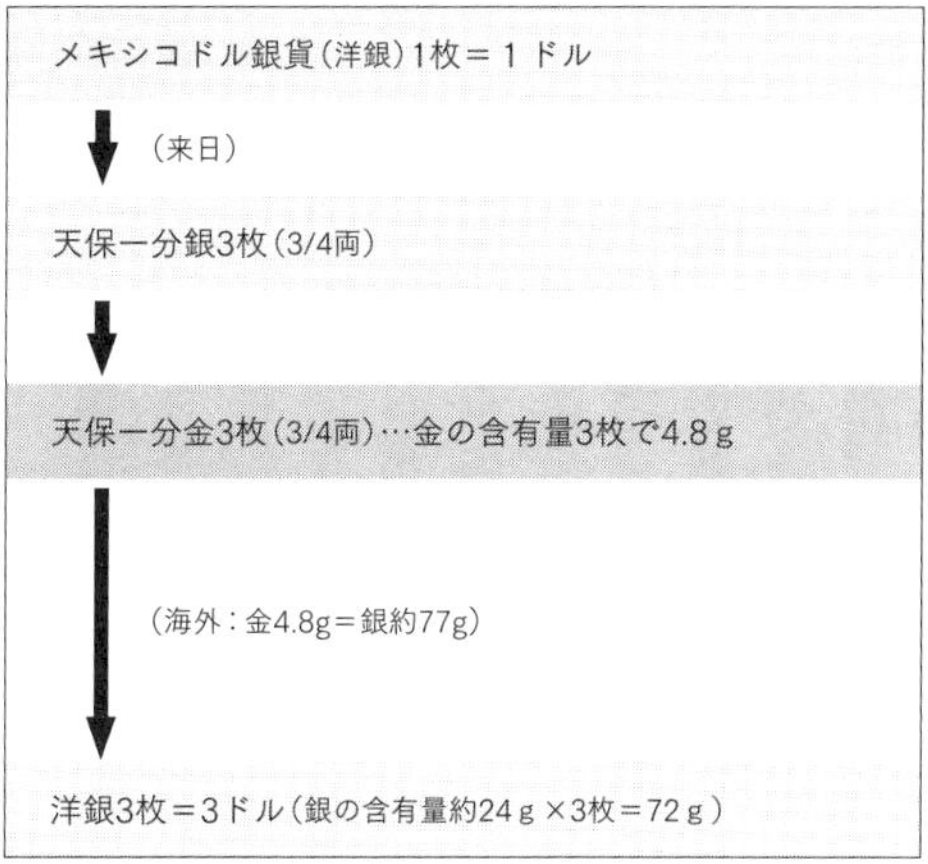

出所：各種資料をもとに筆者作成。

【図表18】江戸時代の各小判の品位

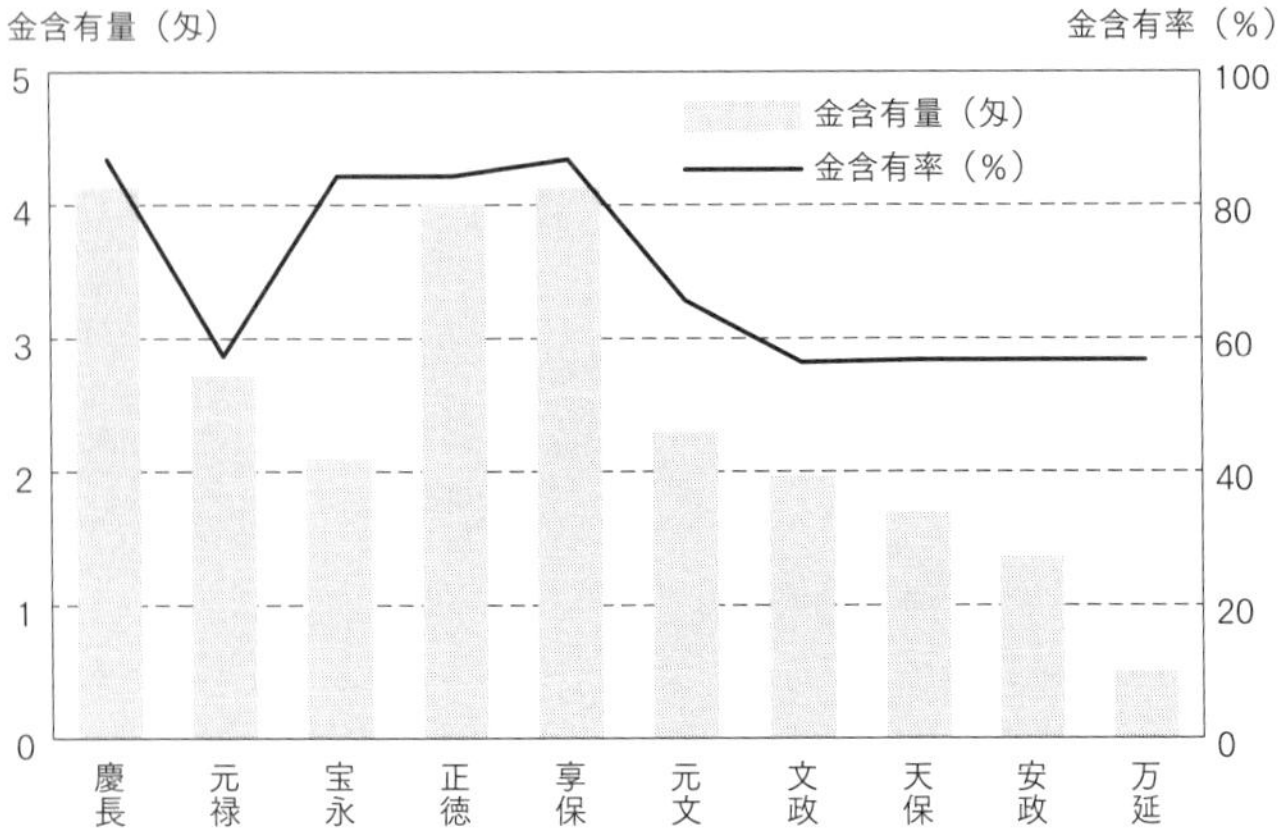

出所：滝沢武雄「近世貨幣表」『日本歴史大事典４』305-307頁をもとに、筆者にて作成。

していたとみられる。

これに対し幕府も手をこまねいていたわけではない。さまざまな対応策を試みたものの、うまくいかなかったが、ついに万延元年（一八六〇）、品位を大幅に落とした貨幣改鋳を行い、問題の〝三倍ゲーム〟を断ち切ろうとしたのである。

新たに発行したのは、万延小判と万延一分金で、金の含有率は天保金と同じ五六・七七％だったが、サイズを小さくして金の含有量を減らした。万延小判では約〇・五匁（約一・八七グラム）で、天保金の三分の一以下である。

金の含有量が三分の一になったということは、万延金一枚を海外で洋銀に替えても一枚にしかならない計算だ。これによって〝三倍ゲーム〟は成立しなくなり、ようやく金の流出は収まった。

貨幣改鋳と財政急膨張で超インフレに

一方、万延の貨幣改鋳は二つの経済的余波を呼び起こした。

一つは、幕府が膨大な出目を獲得したことだ。前述のように、万延小判と一分金の発行は国際的な要因によるものだったが、幕府はこれと並んで万延二分金（二分の一両）と万延二朱金（八分の一両）も新たに発行した。この二つの金貨も、従来の同額面の金貨より金含有量を大幅に減らしていた。最初から出目を狙ったものだった。

この両金貨の鋳造高は、幕末までの通算で五〇〇〇万両を超えた。江戸時代に発行された金貨の中で最高記録である。その結果、出目も膨大な額に達した。

貨幣改鋳で幕府が手にした益金は、文久元年（一八六一）は一八二万両余り、同三年は三六六万両余り、元治元年（一八六四）には約四四四万両に達している。幕府の収入に占める割合では四〇％を超えており、以前の貨幣改鋳時に比べてもその割合は上昇している（飯島千秋『江戸幕府財政の研究』）。

この時期、幕府は一四代将軍・家茂の三度にわたる上洛や長州征討、朝廷対策などで財政支出は膨れ上がっていた。文久元年（一八六一）に約四一〇万両だった歳出総額は、家茂が上洛した文久三年には約一〇六一万両、二度目の将軍上洛と第一次長州征討があった翌元治元年（一八六四）は一一一〇万両へと一気に拡大している。さらにその後、慶応元年（一八六五）から翌二年の第二次長州征討では戦費が四三七万両にのぼったという（同書）。

これらの政治闘争と戦費を、改鋳による出目が支えたわけだ。逆に言えば、万延改鋳による出目がなければ、幕府はもっと早く崩壊していたと言えるかもしれない。

だが、金貨の大量発行による通貨供給量の急激な増加、それによる幕府の出目獲得、そして戦費など大幅な支出拡大は、猛烈なインフレを招くこととなった。これが万延改鋳の二つ目の余波だ。

米価は、黒船来航前の嘉永年間はほぼ七〇～八〇匁台（大坂・一石当たり銀建て、年末値）で推移していたが、日米修好通商条約締結の前年の安政四年（一八五七）に一〇〇匁台に乗せた。同条約による開港後にはさらに上昇。元治元年（一八六四）には二〇〇匁台、翌年の慶応元年（一八六五）には四〇〇匁台と上昇が加速し、その翌年の慶応二年にはなんと一三〇〇匁台へと一気に跳ね上がった。実に、黒船来航前の一七倍である。

一般物価で見ても、慶応二年の京坂物価指数（宮本又郎氏作成）は黒船来航前の七倍に達している（図表19）。まさにハイパーインフレである。

慶応二年と言えば、大政奉還の前年である。このような未曾有のインフレが攘夷論を一段と沸き立て倒幕の機運を高めることとなった。経済的混乱が幕府にとどめを刺したと言える。

【図表19】幕末の米価と物価の推移

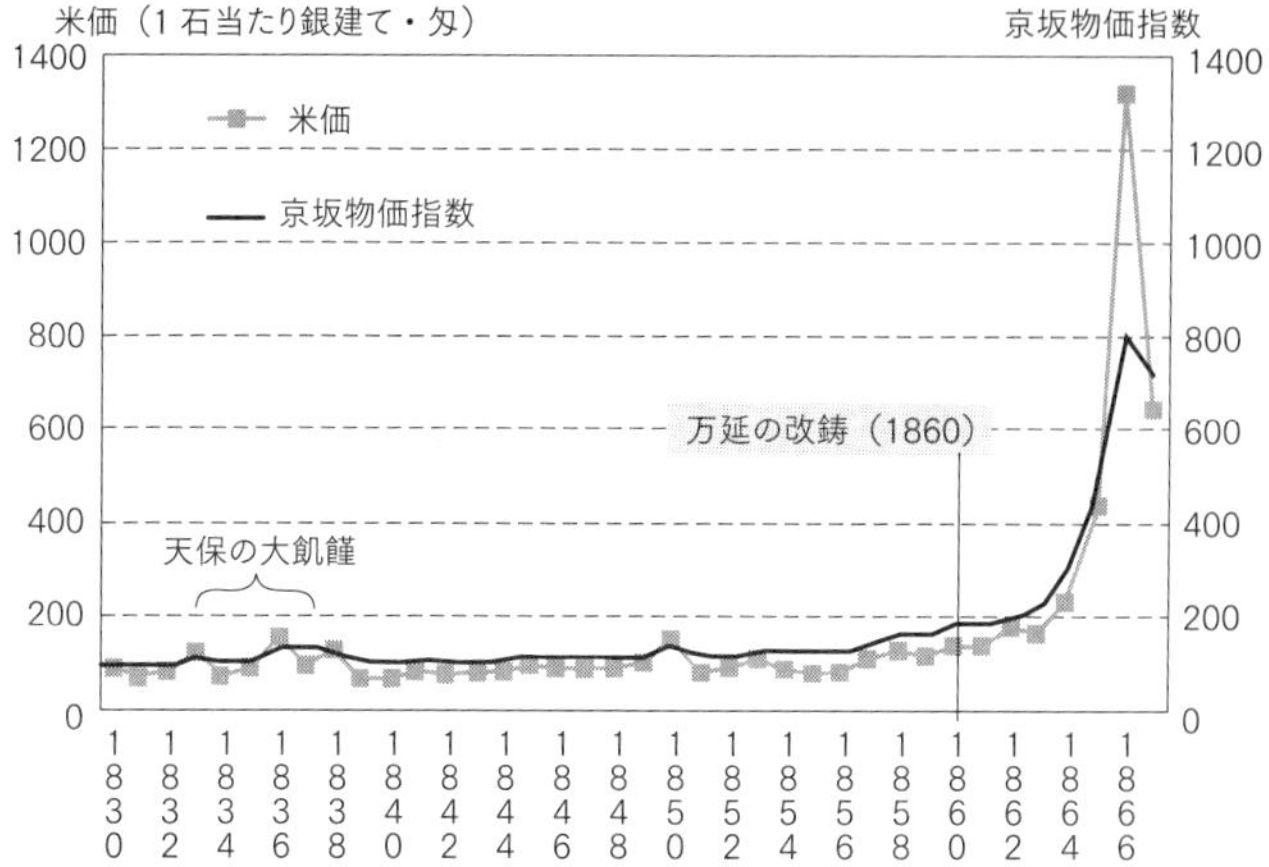

注：京坂物価指数は京坂地域の主要42品目の価格について、1840-44年を100として指数化したもの。
出所：図表7と同資料をもとに、筆者にて作成。

3　近代化〝準備〟の役割も

小栗忠順、横須賀製鉄所を建設

だがその一方で、幕末のさまざまな動きが、明治以降の近代化を準備する側面もあったことも見逃してはならない。

「安政の改革」を推進した阿部正弘が韮山反射炉や浦賀造船所を建設させたことは前述のとおりだが、幕府は慶応元年（一八六五）に横須賀製鉄所を建設している。これは、勘定奉行を務めた小栗忠順《おぐりただまさ》が発案したものだ。

小栗は、幕府が派遣した万延元年（一八六〇）の遣米使節団の目付として渡米した際、ワシントン海軍工廠を見学して製鉄と金属加工技術の彼我の差を痛感した。この時に、ネジを持ち帰ったエピソードはよく知られている。帰国後、勘定奉行に就任した小栗は、万延の貨幣改鋳で得た出目を原資にして横須賀に製鉄所を建設したのである。

横須賀製鉄所はフランスの技術を導入して建設されたが、明治になって横須賀造船所に改称され、その後は横須賀海軍工廠となって多くの軍艦を建造、日本の造船業の発展に寄与した。

小栗はまた、江戸・滝野川で反射炉と兵器工場を建設したほか、日本初のホテル「築地ホテル館」や株式会社「兵庫商社」も設立している。ちなみに、英語のカンパニー（company）を「商社」と訳したのは小栗だという。

こうして見ると、幕府もまた危機突破めざしてさまざまな改革に挑戦していたことがわかる。幕府そのものは崩壊したが、幕末の努力もまた日本という国の近代化につながる役割を果たしたのである。

開国で貿易急拡大、輸出立国の原型

民間経済の動きを見ると、開国によって貿易が急増した。

横浜、長崎、箱館の三港が開港した安政六年（一八五九）の輸出額は八九万ドルだったが、翌万延元年（一八六〇）には四七一万ドルと五・三倍に急増、さらに慶応元年（一八六五）

には一八四九万ドルへと拡大している。その間は、輸入より輸出が多い輸出超過が続いた。

輸出の中心となったのが、横浜からの生糸だった。その輸出額は万延元年の二五九万ドルから、慶応元年には一四六一万ドルと、五年間で五・六四倍に急拡大し、輸出全体の約八割を占めるに至っている（石井孝『幕末貿易史の研究』）。

これに続いたのが、お茶、蚕卵紙など。蚕卵紙とは蚕の卵が産み付けられた紙で、養蚕農家がこれを購入して蚕を飼育し繭を生産する。つまり生糸生産の前段階を担う重要なもので、これも生糸関連の輸出品目だ。

生糸の輸出増加に伴い、国内の養蚕業や製糸工業が盛んになった。その成長ぶりを見て養蚕を新たに営む農家が増え、それまで養蚕が行われていなかった地方にも広がったという。新たなビジネスチャンスをつかもうとするバイタリティーにあふれた動きだ。

お茶の輸出は、長崎の女性実業家、大浦慶が先駆けとなった。

大浦家は二〇〇年以上続く有力な油問屋の老舗だったが、お慶が子どもの頃には経営が傾くようになったうえ、長崎の大火で損害を受けるという苦境に立っていた。お慶はそんな大浦屋を立て直すため、お茶の輸出ができないものかと考えた。

そこで出島在留のオランダ人に佐賀・嬉野《うれしの》のお茶の販路開拓を依頼し、見本をアメリカやイギリスに送ってもらったところ、それを見たイギリス人の貿易商、ウィリアム・オルトが来日、約六トンものお茶の注文を受けたのである。お慶は、嬉野茶だけでは足りず、九州一円を回ってお茶を集めて米国に輸出した。

　これがきっかけとなって日本茶の輸出が増え、欧米で人気商品となった。そのおかげで、お慶は巨万の富を築いたという。まさにピンチをチャンスに変えたのだった。お慶は坂本龍馬、高杉晋作、大隈重信らの志士たちとも交流を深め、彼らを経済的に支援したという。近代黎明期の日本で女性実業家のパイオニア的な存在である。

　オルトも長崎で製茶工場を建設し、お慶と提携して製茶事業で財を成した。ちなみに長崎のグラバー園内には、同じくイギリス人商人で幕末に活躍したトーマス・グラバーの旧住宅とともに、旧オルト住宅が残っている。

　こうしてお茶も生糸も明治以降、戦前日本の輸出の主力産業となった。輸出立国ニッポンの原型は、開国間もないこの時期につくられたのである。

　一方、貿易の拡大に伴い、安くて良質な綿織物や綿糸の輸入が大幅に増えたため、国内の綿織物業者は打撃を受けた。いわば、開国の負の側面である。だが綿織物業者たちはその輸入綿糸を使って安くて品質のよい綿織物をつくり、輸入綿布に対抗した。一時は苦境に立った綿織物業界はこうして立ち直っていったのだった。

　これらのことは、成長しつつあった新たな産業が（一部ではあるが）、環境の変化に対応する力、あるいは危機を乗り越える力を身につけていたことを示している。江戸時代のこうした力の蓄積が、明治以降の経済発展の原動力となっていくのである。

開国が生んだジャポニスム

これまで見てきたように、開国は日本に大きなインパクトをもたらしたが、欧米では日本ブーム＝「ジャポニスム」を巻き起こした。

そのきっかけとなったのが、慶応三年（一八六七）のパリ万国博覧会だ。幕府は日本として初めて万博に出展し、浮世絵をはじめ、陶磁器や漆器、小箱、刀、鎧などを展示した。その数は二九〇種類・八三七品（ほかに商人、薩摩藩、佐賀藩の出品あり）に及んだ（寺本敬子『パリ万国博覧会とジャポニスムの誕生』）。ちなみに、この時の幕府代表団の一員だったのが渋沢栄一だ。

同万博には薩摩藩と佐賀藩も出展したが、薩摩藩は幕府とは別に独自のブースで特産品などを展示し、「薩摩琉球国政府」との看板を掲げた。あたかも日本には幕府と薩摩琉球国の二つの政府が併存しているかのようなイメージを与え、これが幕府の国際的な権威を失墜させることとなったのだが、万博出展自体は日本の評価を大いに高めた。

フランスの新聞は「最初の出現で芸術家と収集家の世界を魅了した。日本はすでにすべてを備えている。色彩、優美さ、多様性、洗練された形」と絶賛した（同書）。

特に浮世絵が印象派の画家に大きな影響を与えた。モネ、ゴッホ、ルノワールなどの画家が多くの作品の中に浮世絵のモチーフや技法を取り入れている。彼らの作品の中には、多数の扇子や団扇《うちわ》が描かれているのも、まさに印象的だ。

その影響で、西洋の一般市民の間でも日本の扇子や団扇が人気アイテムとなった。その結果、扇子の輸出は明治五年（一八七二）に約七九万本、団扇は九八万本余りに達した（大蔵省「明治五壬申年分　各開港場輸出入物品高」）。金額こそ小さいが、数量では日本を代表する輸出品に躍り出たのである。

欧米に影響を与えたジャポニスムが、明治期の日本の経済発展にもつながった。

終章　江戸から令和へ
——経済復活のヒント

「江戸」に何を学ぶべきか

江戸時代二六〇年余りの経済変動の足取りを追ってきた。山あり谷ありの連続だったが、特に後半は改革の失敗もあって経済低迷が目立ったことは、バブル崩壊後の日本経済と重なって見える。執筆しながら、それを改めて強く感じた次第である。

だが江戸時代には、そうした苦難の中にあっても、経済力の蓄積あるいは地力とでもいうべきものが培われ、それが明治以降の経済発展の原動力になったことも、また事実だ。このことは令和の今に活かすべき教訓であり、日本経済の本格的な復活に向けてのヒントとなるものだ。

それではそのような江戸時代の経済から、我々は何を学ぶことができるだろうか。締めくくりとして、特に重要と思われる三点を挙げたい。

ピンチをチャンスに変える

第一は、ピンチをチャンスに変えることの重要性だ。

家康の人生は、三大危機（三河一向一揆、三方ヶ原の戦い、本能寺の変直後の伊賀越え）をはじめ、嫡男・信康の切腹、秀吉による関東転封など、ピンチの連続だった。だが家康はあきらめることなく、そのたびにピンチを乗り越えてきた。しかも単に乗り越えたのではなく、乗り越えることによって力を身につけ、新たな可能性を切り開いてきたのだ。

特に第一章で見たように、秀吉の命により関東に転封されたものの、逆に江戸の都市づくりと関東経営によって経済的基盤を強化した。そのことが天下統一と長期安定政権につながったのである。

江戸時代に、ピンチをチャンスに変えた人たちの奮闘も印象的だ。明暦の大火から江戸を復興させた保科正之、父を殺害され苦難の少年時代を過ごしたものの清酒の開発と江戸への販路拡大で豪商となった鴻池直文、同業者の激しい妨害を受けても屈せず新しい商法を貫いて成功した三井高利……。彼らのたどった足跡を知ると、現代の我々も元気づけられる。さらに彼らの中に、ピンチをチャンスに変えるための政策や経営のヒントが詰まっていることも強調したい。

幕末には、日本は黒船来航によって欧米列強による植民地化の危機に直面した。阿部正弘は「祖法」を捨てて開国に踏み切り、幕藩体制の根幹を変えるような改革を推進した。正弘自身はその成果を手にすることはできなかったが、日本は明治以降の近代化・経済発展という大きなチャンスを得たのだった。

西南雄藩と言われる諸藩も、財政危機や対外的な危機を乗り越えるため、軍事力と経済力を強化し、明治維新達成の原動力となった。

現代の日本経済も、バブル崩壊後は低迷が続き、日本企業の競争力が低下した。最近では国際情勢の緊迫化やインフレ、さらには少子高齢化などに直面している。だがその中で多くの日本企業は持ち前の技術力を磨き、得意分野や成長の見込める事業に経営資源を重点的に投入するなど、本来の意味でのリストラ（restructuring=事業の再構築）を推進して、競争力を回復しつつある。全上場企業の最終利益合計額が、コロナ禍を乗り越えて二〇二三年三月期までに三年連続増益・二年連続最高益を達成したのも、こうした成果と言える。

まだ道半ばだが、日本はピンチをチャンスに変えることができるはずだ。

成長戦略と改革が重要

第二は、成長の持続とそのための改革がいかに重要かという点だ。

徳川幕府が長期政権となり得たのは、大名統制によって強い支配力を確立しただけでなく、家康の成長戦略があったからだ。江戸の町づくり、地方都市の整備、交通網や流通網の発達、新田開発と農業生産拡大などによって、長期間にわたり〝高度経済成長〟を続けたことは、第一章で見たとおりである。

逆に江戸時代の後半は成長が止まり、好景気と不況、インフレとデフレが交互に繰り返された。総じて経済は低迷気味だったと言ってよい。

その大きな理由は、経済の構造変化に対応できない幕藩体制と幕府の政策にあった。江戸時代後半になると、都市の発展や庶民の生活水準の向上などから消費も多様化し、幅広くさまざまな商品やサービスへの需要が広がった。それに対応して農村では米以外の農作物の栽培が増え、各地で特産品が生まれるようになった。商品経済の発達である。

そうした変化に対応して改革路線をとったのが田沼意次だったが、それは否定され田沼は失脚する。幕府の基盤はあくまでも米であり、「米本位制」だったのだ。松平定信の「寛政の改革」と水野忠邦の「天保の改革」はそうした〝原点〟に戻ろうとしたものだった。だが彼らは庶民の生活水準向上を「贅沢」ととらえ、「江戸も人口を減らして景気が悪くしてでも奢侈を禁止すべきだ」との考えだった。成長を否定する考えだったと言える。そうした政策がうまくいくはずがなかった。

そこまで極端ではないが、令和の現在でも経済成長に否定的あるいは懐疑的な考え方がある。長年にわたってデフレ下にあったことや少子高齢化・人口減少などから、「経済成長をめざすような時代ではない」あるいは「成長など無理」といった意見だ。

しかし、そのような課題を抱えているからこそ、経済成長が必要なのだ。少子高齢化・人口減少という環境を乗り切るには、経済が持続的に成長しなければならない。だがそれは、数字で何％成長を目標にするとか、「高度成長の夢をもう一度」などということではない。最も必要なことは、課題を乗り越えて持続的に成長していけるような経済構造に変えることである。そのための改革を進めることがカギとなるのである。

積極財政・金融緩和 vs. 緊縮財政・金融引き締め

第三は、政策のあり方をめぐる二つの考え方をどう判断するかという点だ。江戸時代中期以降の政策の変遷を振り返ると、こうなる。

荻原重秀（積極財政・金融緩和）→新井白石（緊縮財政・金融引き締め）→徳川吉宗（緊縮・

金融引き締め、後に金融緩和）→田沼意次（金融緩和継続、成長重視）→松平定信（緊縮財政・金融引き締め）→水野忠成（積極財政・金融緩和）→水野忠邦（緊縮財政・統制強化）……。

田沼時代を除いて、積極財政・金融緩和と緊縮財政・金融引き締めがほぼ交互に実行されていた。そして積極・緩和はインフレ、緊縮・引き締めはデフレを招いたことも見てきたとおりである。ただし荻原重秀や水野忠成のインフレという点については、過大に言われてきたきらいがあることに注意が必要だ。この点はあらためて強調しておきたい。

むしろ問題だったのは、たとえば新井白石が急激な引き締めに転じてオーバーキル（冷やしすぎ）となってデフレに突入したというパターンだ。これは、松平定信、水野忠邦とも共通する構図で、その背景には経済繁栄やぜいたく（奢侈）は悪であり、質素倹約が美徳といった価値観があった。逆に田沼意次が徹底的に批判されたのも、その価値観による影響が大きい。

だがこれは実は江戸時代に限った話ではなく、現代にもその名残はある。たとえば、株価が上昇すると一部メディアはすぐに「バブルのおそれ」など、あたかも株価上昇自体がよくない現象であるかのような論調をとる傾向がある。「経済成長否定論」や金融緩和の「出口」をめぐる議論の一部にも、そうした価値観が垣間見える時がある。

これらはバブル崩壊直後の日銀によるバブルつぶしや金融危機後の早すぎたゼロ金利解除

と重なって見える。

だが江戸時代の積極策にも問題があった。水野忠成は、積極財政と貨幣改鋳による金融緩和効果によって経済繁栄と化政文化をもたらしたが、その間に構造的な変化に対応する改革をおろそかにした。この点が、田沼政治との違いだ。

これらの政策の失敗は、今日への貴重な教訓である。最近、金融緩和の修正や増税などが議論にのぼっているが、早すぎる金融引き締めや増税は、せっかく回復しかけている日本経済の力を再び弱体化させるおそれがある。「出口」は慎重であるべきだ。

現在の財政をめぐる論議でも、積極財政論と財政再建重視論があるが、過度な財政再建論は、まさに過去の失敗を繰り返すことになりかねない。だが、積極財政論も、改革が伴わなければ放漫財政に陥るおそれがあるのである。

今後、日本経済が本格的に復活を遂げられるかどうかは、「改革」がカギを握っていると言っても過言ではない。「改革」が不可欠であることは、江戸時代の歴史が教えている。

「第三のジャポニスム」が持つ可能性

以上の三点に付け加えて、幕末・明治期に欧州で巻き起こったジャポニスムが、令和の日本経済復活に示唆を与えていることに触れたい。

最近の海外での日本人気は目を見張るものがある。筆者はこれを「第三のジャポニスム」と名付けている。

「第一のジャポニスム」はもちろん、幕末・明治期だ。欧州で文化面を中心に大きな影響を与えたジャポニスムは、現在の「クール・ジャパン」に通じる。それが明治の経済発展と重なる相乗効果をもたらしたわけだが、ここで重要なことは、ジャポニスムのもとになった浮世絵や工芸品は文化文政時代を中心に江戸時代を通じて製作されたものであり、その蓄積が開国後に花開いたのだという点である。

「第二のジャポニスム」は昭和の戦後復興から高度経済成長期だ。海外で「奇跡の復活」と言われ、「メイド・イン・ジャパン」は海外で高く評価された。石油危機に見舞われるが、それも乗り切った。そのままの勢いでバブル経済へとひた走り、自動車や家電、半導体など「メイド・イン・ジャパン」は世界を席巻した。

一度目のジャポニスムは主として文化面＝ソフト、二度目のメイド・イン・ジャパンは主としてハード面での日本ブームだった。そして今回が「第三のジャポニスム」だ。

インバウンドの急速な回復に見られるように、日本の技術力の高さなど日本製の商品＝ハード面への評価が改めて高まるとともに、アニメをはじめとする文化、日本の食、さらにはホスピタリティやマナーなども含むソフト面の両方で日本人気が盛り上がっている。ＭＬＢ

（米メジャーリーグ）での大谷翔平選手の活躍も大いに影響している。ソフトとハード、まさに二刀流の「ジャポニスム」なのである。

ちょうど「第一のジャポニスム」が明治の経済発展と、「第二のジャポニスム」が昭和の高度経済成長と重なったように、今回の「第三のジャポニスム」が令和の日本経済の新たな可能性を切り開くことに期待したい。

歴史を正しく知る――「賢者は歴史に学ぶ」

最後に、歴史を正しく知ることの重要性を強調しておきたい。本書では、荻原重秀や田沼意次、阿部正弘などについて、実態以上に低い評価が下されていることを指摘した。特に荻原や田沼には「悪人」のイメージが強い。近年の研究で、それらはかなり改善されているが、まだ評価が高いとは言えない。こうしたイメージや先入観を排して歴史を見るべきだろう。

「賢者は歴史に学ぶ」という言葉がある。多くの人が歴史を正しく理解し、歴史の教訓をぜひ活かしてほしいと願っている。

実は、家康も多くのことを歴史から学んでいた。家康は『吾妻鏡』を愛読していたという。鎌倉幕府の正史である同書を繰り返し読んで、源頼朝がどのようにして武家政権を樹立したか、そして源氏がなぜ三代で終わってしまったのか、などについてじっくり学び、自分の天下獲りと長期政権樹立に活かしたのだ。

歴史を学ぶということは、そのような先人の成功や失敗の経験を活かすことでもある。そして何よりも、先人たちが危機を乗り越えて新しい時代を切り開いてきたチャレンジ精神を学び、現代の我々がそれをもっと発揮していくことが必要だ。そうすれば、我々の手で必ずや日本経済を本格的に復活させることができると確信している。

最後になったが、本書の執筆にあたり、多くの方々に資料提供や調査取材などでご協力をいただいた。この場を借りて厚く御礼を申し上げたい。

またPHP研究所文化事業局長の大山耕介氏、同研究所『歴史街道』副編集長の小原有香氏には、企画の段階から編集まで多大なお世話をおかけすることとなった。そのおかげで本書を刊行することができたことに感謝したい。

参考文献

新井白石（松村明校注）『折たく柴の記』岩波文庫、一九九九年
アンガス・マディソン（金森久雄監訳）『経済統計でみる世界経済２０００年史』柏書房、二〇〇四年
アンガス・マディソン（政治経済研究所監訳）『世界経済史概観』岩波書店、二〇一五年
飯島千秋『江戸幕府財政の研究』吉川弘文館、二〇〇四年
生田美智子『高田屋嘉兵衛』ミネルヴァ書房、二〇一二年
石井孝『幕末貿易史の研究』日本評論社、一九四四年
岩橋勝『近世貨幣と経済発展』名古屋大学出版会、二〇一九年
岩橋勝『近世日本物価史の研究』大原新生社、一九八一年
エリック・L・ジョーンズ（天野雅敏・富重公生ほか訳）『経済成長の世界史』名古屋大学出版会、二〇〇七年
エンゲルベルト・ケンペル（今井正編訳）『［新版］改訂・増補　日本誌——日本の歴史と紀行—』第五巻、霞ケ関出版、二〇〇一年
大石慎三郎『江戸時代』中公新書、一九七七年
大石慎三郎『元禄時代』岩波新書、一九七〇年
大石慎三郎『田沼意次の時代』岩波書店、一九九一年
大石学他編『現代語訳徳川実紀・家康公伝（1～3）』吉川弘文館、二〇一〇年、二〇一一年

大喜多甫文『伊勢商人と江戸店』二〇一七年
大蔵省『各開港場輸出入物品高　明治五壬申年分』一八七二年
大塚英樹「江戸時代における改鋳の歴史とその評価」日本銀行金融研究所『金融研究』第一八巻、一九九九年
大野瑞男『江戸幕府財政史論』吉川弘文館、一九九六年
岡田晃『明治日本の産業革命遺産』集英社、二〇一八年
鬼頭宏『人口から読む日本の歴史』講談社学術文庫、二〇〇〇年
鬼頭宏『文明としての江戸システム』講談社学術文庫、二〇一〇年
公益財団法人三井文庫編『近世後期における主要物価の動態〔増補改訂〕』東京大学出版会、一九八九年
公益財団法人三井文庫編『史料が語る三井のあゆみ』吉川弘文館、二〇一五年
国書刊行会編『史籍雑纂 第二（当代記）』同会、一九一一年
齋藤慎一「慶長期の江戸城～「慶長江戸図」・「江戸始図」の再検討～」『東京都江戸東京博物館紀要』第九号、二〇一九年
酒田の歴史編集委員会編『酒田の歴史（改定版）』酒田市教育委員会、二〇一五年
佐々木克朗「江戸時代中後期における経済発展と株仲間の研究」千葉大学大学院人文公共学府『千葉大学人文公共学研究論集』四一号、二〇二〇年
新保博『近世の物価と経済発展』東洋経済新報社、一九七八年
須賀博樹「江戸幕末の貨幣政策と出目獲得政策の破綻――新旧貨幣引替えの検証」日本金融学会『金融経済研究』第二〇号、二〇〇三年

杉山伸也『日本経済史　近世‐現代』岩波書店、二〇一二年
鈴木浩三『江戸商人の経営』日本経済新聞出版社、二〇〇八年
千田嘉博他『江戸始図でわかった「江戸城」の真実』宝島新書、二〇一七年
高木久史『通貨の日本史』中公新書、二〇一六年
高澤憲治『松平定信』吉川弘文館、二〇一二年
高島正憲『経済成長の日本史』名古屋大学出版会、二〇一七年
高槻泰郎『大坂堂島米市場』講談社現代新書、二〇一八年
瀧澤武雄・西脇康編『貨幣』（日本史小百科）東京堂出版、一九九九年
竹内誠監修『江戸時代館（第二版）』小学館、二〇一三年
田中耕作『幕末の鍋島佐賀藩』佐賀新聞社、二〇〇四年
中央防災会議・災害教訓の継承に関する専門調査会『１６５７明暦の江戸大火報告書』内閣府、二〇〇四年
塚本学『徳川綱吉』吉川弘文館、一九九八年
辻達也『徳川吉宗』吉川弘文館、一九五八年（新装版一九八五年）
寺本敬子『パリ万国博覧会とジャポニスムの誕生』思文閣出版、二〇一七年
土居良三『開国への布石　評伝・老中首座阿部正弘』未來社、二〇〇〇年
直木孝次郎・脇田修監修『新詳述　日本史史料集』実教出版、二〇〇八年
中井信彦『転換期幕藩制の研究』塙書房、一九七一年
中田易直『三井高利』吉川弘文館、一九五九年（新装版一九八八年）

中村彰彦『慈悲の名君　保科正之』角川選書、二〇一〇年
永濱利廣「消費増税でも景気腰折れ回避?」第一生命経済研究所マクロ経済分析レポート、二〇一四年
永原慶二編『日本歴史大事典4』小学館、二〇〇一年
西川俊作『日本経済の成長史』東洋経済新報社、一九八五年
日本銀行調査局編『図録日本の貨幣』東洋経済新報社、一九七二～七六年
蜷川新『開国の先覚者　小栗上野介』批評社、二〇一八年(一九五三年の翻刻版)
速水融・宮本又郎編『日本経済史1・経済社会の成立』岩波書店、一九八八年
深井雅海『綱吉と吉宗』吉川弘文館、二〇一二年
深尾京司他編『岩波講座日本経済の歴史2・近世』岩波書店、二〇一七年
藤井典子「幕末期の貨幣供給:万延二分金・銭貨を中心に」日本銀行金融研究所『金融研究』第三五巻第二号、二〇一六年
藤田覚『勘定奉行の江戸時代』ちくま新書、二〇一八年
藤田覚『田沼意次』ミネルヴァ書房、二〇〇七年
藤田覚『天保の改革』吉川弘文館、一九八九年(新装版一九九六年)
藤田覚『遠山景元』山川出版社、二〇〇九年
藤田覚『幕末から維新へ』岩波新書、二〇一五年
ベアトリス・M・ボダルト＝ベイリー(中直一訳)『ケンペルと徳川綱吉』中公新書、一九九四年
馬渕明子『ジャポニスム　幻想の日本』ブリュッケ、一九九七年

三浦正幸他『江戸城天守　寛永度江戸城天守復元調査研究報告書』江戸城天守を再建する会、二〇一六年
三上隆三『江戸の貨幣物語』東洋経済新報社、一九九六年
宮本又郎「物価とマクロ経済の変動」新保博・斎藤修編『日本経済史2・近代成長の胎動』岩波書店、一九八九年
宮本又郎・粕谷誠編著『経営史・江戸の経験』ミネルヴァ書房、二〇〇九年
宮本又郎ほか『日本経営史〔第三版〕江戸から令和へ・伝統と革新の系譜』有斐閣、二〇二三年
宮本又次『鴻池善右衛門』吉川弘文館、一九五八年（新装版一九八六年）
村井淳志『勘定奉行荻原重秀の生涯』集英社新書、二〇〇七年
山崎隆三『近世物価史研究』塙書房、一九八三年
山室恭子『黄門さまと犬公方』文春新書、一九九八年
ロドリコ・デ・ビベロ（大垣貴志郎監訳）『日本見聞記　1609年』たばこと塩の博物館、一九九三年

PHP新書
PHP INTERFACE
https://www.php.co.jp/

岡田 晃［おかだ・あきら］
1947年、大阪市生まれ。慶應義塾大学経済学部卒業後、日本経済新聞社に入社。記者、編集委員を経て、1991年にテレビ東京に異動。米国現地法人の社長、理事・解説委員長を歴任、経済番組のキャスター等を務めた。2006年にテレビ東京退職、大阪経済大学客員教授に就任。2022年より同大学特別招聘教授。経済評論家。著書に『明治日本の産業革命遺産』（集英社）などがある。

徳川幕府の経済政策——その光と影

PHP新書 1377

二〇二三年十一月二十九日 第一版第一刷

著者——岡田 晃
発行者——永田貴之
発行所——株式会社PHP研究所
東京本部——〒135-8137 江東区豊洲5-6-52
ビジネス・教養出版部 ☎03-3520-9615（編集）
普及部 ☎03-3520-9630（販売）
京都本部——〒601-8411 京都市南区西九条北ノ内町11
組版——有限会社エヴリ・シンク
装幀者——芦澤泰偉＋明石すみれ
印刷所
製本所——大日本印刷株式会社

ISBN978-4-569-85603-2

ＰＨＰ新書刊行にあたって

「繁栄を通じて平和と幸福を」(PEACE and HAPPINESS through PROSPERITY)の願いのもと、ＰＨＰ研究所が創設されて今年で五十周年を迎えます。その歩みは、日本人が先の戦争を乗り越え、並々ならぬ努力を続けて、今日の繁栄を築き上げてきた軌跡に重なります。

しかし、平和で豊かな生活を手にした現在、多くの日本人は、自分が何のために生きているのか、どのように生きていきたいのかを、見失いつつあるように思われます。そして、その間にも、日本国内や世界のみならず地球規模での大きな変化が日々生起し、解決すべき問題となって私たちのもとに押し寄せてきます。

このような時代に人生の確かな価値を見出し、生きる喜びに満ちあふれた社会を実現するために、いま何が求められているのでしょうか。それは、先達が培ってきた知恵を紡ぎ直すこと、その上で自分たち一人一人がおかれた現実と進むべき未来について丹念に考えていくこと以外にはありません。

その営みは、単なる知識に終わらない深い思索へ、そしてよく生きるための哲学への旅でもあります。弊所が創設五十周年を迎えましたのを機に、ＰＨＰ新書を創刊し、この新たな旅を読者と共に歩んでいきたいと思っています。多くの読者の共感と支援を心よりお願いいたします。

一九九六年十月

ＰＨＰ研究所

PHP新書

［歴史］

061 なぜ国家は衰亡するのか　中西輝政
286 歴史学ってなんだ？　小田中直樹
755 日本人はなぜ日本のことを知らないのか　竹田恒泰
1012 古代史の謎は「鉄」で解ける　長野正孝
1064 真田信之 父の知略に勝《まさ》った決断力　平山 優
1085 新渡戸稲造はなぜ『武士道』を書いたのか　草原克豪
1086 日本にしかない「商いの心」の謎を解く　呉 善花
1104 一九四五　占守島の真実　相原秀起
1108 コミンテルンの謀略と日本の敗戦　江崎道朗
1115 古代の技術を知れば、『日本書紀』の謎が解ける　長野正孝
1116 国際法で読み解く戦後史の真実　倉山 満
1118 歴史の勉強法　山本博文
1121 明治維新で変わらなかった日本の核心　猪瀬直樹／磯田道史
1123 天皇は本当にただの象徴に堕ちたのか　竹田恒泰
1129 物流は世界史をどう変えたのか　玉木俊明
1130 なぜ日本だけが中国の呪縛から逃れられたのか　石 平
1138 吉原はスゴイ　堀口茉純
1141 福沢諭吉　しなやかな日本精神　小浜逸郎
1142 卑弥呼以前の倭国五〇〇年　大平 裕
1152 日本占領と「敗戦革命」の危機　江崎道朗
1160 明治天皇の世界史　倉山 満
1167 吉田松陰『孫子評註』を読む　森田吉彦
1168 特攻　知られざる内幕　戸髙一成［編］
1176 「縄文」の新常識を知れば 日本の謎が解ける　関 裕二
1177 「親日派」朝鮮人　消された歴史　拳骨拓史
1178 歌舞伎はスゴイ　堀口茉純
1181 日本の民主主義はなぜ世界一長く続いているのか　竹田恒泰
1185 戦略で読み解く日本合戦史　海上知明
1192 中国をつくった12人の悪党たち　石 平
1194 太平洋戦争の新常識　歴史街道編集部［編］
1197 朝鮮戦争と日本・台湾「侵略」工作　江崎道朗
1199 関ヶ原合戦は「作り話」だったのか　渡邊大門
1206 ウェストファリア体制　倉山 満
1207 本当の武士道とは何か　菅野覚明
1209 満洲事変　宮田昌明
1210 日本の心をつくった12人　石 平

1213 岩崎小彌太 武田晴人
1217 縄文文明と中国文明 関 裕二
1218 戦国時代を読み解く新視点 歴史街道編集部［編］
1228 太平洋戦争の名将たち 歴史街道編集部［編］
1243 源氏将軍断絶 坂井孝一
1255 海洋の古代日本史 関 裕二
1266 特攻隊員と大刀洗飛行場 安部龍太郎
1267 日本陸海軍、失敗の研究 歴史街道編集部［編］
1269 緒方竹虎と日本のインテリジェンス 江崎道朗
1276 武田三代 平山 優
1279 第二次大戦、諜報戦秘史 岡部 伸
1283 日米開戦の真因と誤算 歴史街道編集部［編］
1296 満洲国と日中戦争の真実 歴史街道編集部［編］
1308 女系で読み解く天皇の古代史 関 裕二
1311 日本人として知っておきたい琉球・沖縄史 原口 泉
1312 服部卓四郎と昭和陸軍 岩井秀一郎
1316 世界史としての「大東亜戦争」 細谷雄一［編著］
1318 地政学と歴史で読み解くロシアの行動原理 亀山陽司
1319 日本とロシアの近現代史 歴史街道編集部［編］
1322 地政学で読み解く日本合戦史 海上知明
1323 徳川家康と9つの危機 河合 敦
1335 昭和史の核心 保阪正康
1340 古代史のテクノロジー 長野正孝
1345 教養としての「戦国時代」 小和田哲男
1347 徳川家・松平家の51人 堀口茉純
1350 三大中国病 石 平
1351 歴史を知る読書 山内昌之
1355 謙信×信長 乃至政彦
1357 日本、中国、朝鮮 古代史の謎を解く 関 裕二
1358 今村均 岩井秀一郎
1359 近代日本暗殺史 筒井清忠
1363 人口からみた宗教の世界史 宮田 律
1364 太平洋戦争・提督たちの決断 半藤一利
1366 「食」が動かした人類250万年史 新谷隆史
1370 『源氏物語』のリアル 宮田 律
1372 家康の誤算 磯田道史